文苑風流津河畔

章用秀 著

海河西岸记忆丛书

中国人民政治协商会议天津市河西区委员会 编

天津社会科学院出版社

图书在版编目（CIP）数据

文苑风流津河畔 / 章用秀著. -- 天津 : 天津社会科学院出版社，2021.1
（海河西岸记忆丛书）
ISBN 978-7-5563-0676-3

Ⅰ. ①文… Ⅱ. ①章… Ⅲ. ①文化史—天津 Ⅳ. ①K292.1

中国版本图书馆CIP数据核字(2020)第231194号

文苑风流津河畔
WENYUAN FENGLIU JINHE PAN

出版发行：天津社会科学院出版社
地　　址：天津市南开区迎水道7号
邮　　编：300191
电话/传真：（022）23360165（总编室）
（022）23075303（发行科）
网　　址：www.tass-tj.org.cn
印　　刷：北京盛通印刷股份有限公司

开　　本：880×1230　毫米　1/32
印　　张：6.875
字　　数：160千字
版　　次：2021年1月第1版　2021年1月第1次印刷
定　　价：58.00元

《海河西岸记忆丛书》

编委会

序

杨大辛

我与河西区可以说凝结了深厚的乡土情缘。1925年2月我出生于河西区(当时称特一区)三义庄宝德里,此其一;1952年5月我定居河西区(当时称第六区)福建路,从先严至后辈子孙四代人先后在此居住,此其二;1978年6月政府安排我到市政协主持文史资料的编辑出版工作,从而与河西区政协文史资料委员会始终保持协作关系,在我离休后个人依旧与区政协文史委长期往来联系至今,此其三。回顾我这一生虽然历尽坎坷却始终勤奋敬业,得以在编史修志事业方面有所成就,心安理得。我在河西区居留六十余载,可以说这里是我安身立命之"福地"。

河西区政协的文史工作,多年来始终与时俱进,成绩斐然。近日获悉,正在着手汇编《海河西岸记忆丛书》,涉及有关海河西岸的历史变迁、风土民俗、名人逸事等诸多方面史料,工程浩繁,目前正在紧张编写中。未读书稿,何以评说?得悉各册撰稿人如章用秀、张绍祖、金彭育、尹树鹏、罗文华、齐珏、杜仲华、高惠军、魏暑临、罗丹诸君,都是相识多年的老朋友,他们治学严谨,文笔流畅,各自完成精心制作,当可期待耳!

河西区政协李耀进主席嘱为此丛书写篇序言。我虽已挂笔数载，承蒙如此厚爱，情不可却，遂信笔谈了以上几点感知，聊以复命，不成体统，尚祈谅宥为盼。是为序。

2018 年 8 月

前　言

罗文华

津沽丰饶,物华天宝;河西富庶,人杰地灵。乘着党的十八大召开的东风,2013年6月,天津市委、市政府对河西区提出了建设与现代化大都市地位相适应的服务经济体系、建设全市经济社会发展首善之区、为美丽天津建设做出贡献的新要求。建设首善之区,成为河西这个中心城区核心区所面临的机遇与挑战。“首善河西,美丽天津”,成为河西人民的奋斗目标、对美好生活的希望。

首善之区,是指各方面做得最好或文明程度最高的地方,是区域领跑者综合指标的体现。其中,文化先进是一项极为重要的指标。中心城区核心区与其他城区相比,除了经济总量与质量外,还要比文化品位、比文明程度,这也是河西建设首善之区的重要内容。繁荣文化事业、提升公共文化服务水平,是文化强区具体体现。通过新建城市书吧、举办文化惠民系列活动、设立推动文化大发展大繁荣专项资金,不断增加经济社会文化含量,河西文化的影响力、传播力得到显著提升。2020年1月,2020年河西区10项民生实事项目确定,其中列有文化惠民活动，包括新建24小时自动智能借阅（售书）机，还有以“文化365快乐在河西”为主题举办1000场文化惠民活动等。所有这些成就，使得河西在全市人民的心目中不仅是经济强区，同时也是文化强区。

近年来，河西区政协准确把握人民政协的重要地位作用，准确把握人民政协工作的宝贵经验，准确把握新时代人民政协的使命责任，切实履行政协职能，为建设首善之区、打造品质城区升级版献计出力。区政协十分重视首善之区的文化建设，充分发挥文史研究在存史、资政、团结、育人方面的独特作用，努力挖掘、整理、利用河西历史文化资源，将文史和学习工作提升到新的水平，更重要的是让河西人民充分了解家乡变迁和人文发展。继2018年成功编辑出版“海河西岸记忆丛书”第一辑（包括《津沽通衢海大道》《前世今生德租界》《马场道与赛马会》《书坛巨匠吴玉如》《丹青妙手刘奎龄》五册）后，2020年又组织推出“海河西岸记忆丛书”第二辑。丛书的作者，包括天津老、中、青三代文史专家和知名学者，他们都熟悉河西历史文化、对河西有深厚感情，能够结合自己的学术优长，精准选择合适的题材，宣传河西历史，弘扬河西文化，讲好河西故事。

作为“海河西岸记忆丛书”编委会成员，同时也是第二辑的作者之一，为方便读者了解“海河西岸记忆丛书”第二辑的内容，我将这六部书稿逐一简要介绍一下：

《流金溢彩解放路》，作者罗丹、罗文华。海河西岸的解放路已有160年的历史，它是天津建设最早的近代化道路，也是近代各国租界中最重要的道路，更是一部浓缩的天津百年城市发展史。解放路是天津市区最长的南北向主干道，也是河西区域内最长的贯穿南北的通衢大道。解放路上中西交融的建筑珍藏着精彩的历史故事，见证着天津这座商贸都市的光阴轮转。因为解放路上历史风貌建筑大部分现仍存在且完好，所以该书整体脉络便围绕主要建筑从北到南展开。这样的结构和顺序，也便于读者了解从近代到当代的解放路，并由此了解160年来海河西岸乃至整个天津的发展。书末所列“解放路大事年表(1949—2019)”，对新中国成立后解放路的发展脉络介绍较为详细，涉及整体规划、道路建设、设施配备、交通管理等方面，尤其是对解放南路的建设带动河西发展繁荣的情况反映较多，史料具有真实性和权威性。

《文苑风流津河畔》，作者章用秀。津河旧称废墙子河、贺家口引河，因流经佟楼村，也叫佟家楼河，是贯穿河西的一条重要河流。津河两岸分布着东楼、西楼、西南楼、桃园村、佟楼、吴家窑等旧村落。清代以来，河边建起数座文人雅集之所，特别是佟楼至八里台之间的河畔，有多个私家园林崛起。该书首先讲述津河的起源、变化、两岸村落，重点讲述河畔建起的管园、罗园、张学良花园、倪氏花园，城南诗社、须社等在津河的文化活动，以及陶园、跑马场的情况。对新中国成立后河畔文化设施的讲述，凸显津河的文化积淀，说明河流孕育着文明——津河是天津的“文化宝地”。

《哪吒闹海古陈塘》，作者高惠军。河西区域内的陈塘庄早有哪吒闹海的传说，现已被列入非遗项目。该书着重写天津陈塘关哪吒和李靖等相关故事、陈塘庄的哪吒庙，包括历史、现状等，以及陈塘庄的地理位置、上下河圈、与河海的关系、人民生活、生产状况。该书还讲述了历史上哪吒故事的起源、佛教故事中哪吒的原型、各地对哪吒的信仰、全国各地的哪吒故事、将各地的“发生地”和各地的哪吒庙一一列出。对有关哪吒的文艺作品，如现今较为走红的电影《哪吒之魔童降世》等，也有专业的评述。最后讲述了哪吒故事的历史意义，人们特别是陈塘庄人为什么信仰哪吒，以及河西对这一传统文化的梳理、发掘等情况。该书通过展现河西的历史地理、人文空间、民风民俗、经济文化，表现出人们对美好生活的追求。

《津门三子与荣园》，作者魏暑临。寇梦碧、陈机峰、张牧石在文坛上被称为“津门三子”，他们是近代以来天津三位成就卓著的词人，在诗词界、昆曲界、书画界具有重要地位和突出影响。“津门三子”与河西夙有渊源，尤其与李园（荣园）关系密切。该书以李园为平台，首先叙述李园的历史文化积淀，三人与李园的关系，写出他们与张伯驹等在李园诗词唱和、观赏海棠等雅集活动。其后分别撰写三人小传，最后介绍三人之间的关系，介绍梦碧词社，包括 20 世纪 60 年代三人在海河边打诗钟，以及与张伯驹等人的交集等，通过文化活动反映文人意趣。

《漫画大师冯朋弟》，作者齐珏。冯朋弟久居天津，民国年间曾经工作生活在河西地域。他 1933 年到天津，任音乐、美术教员，后来成为职业漫画工作者。1935 年至 1937 年，他创作了第一个连续漫画人物“马方人”。1937 年至 1943 年，他创作的漫画人物故事《老夫子》《老白薯》《阿摩林》等在京津一带报刊上大量发表。1957 年，朋弟发表了最后的漫画作品《“老白薯”出土》。1983 年，朋弟去世。他一生共发表作品一千二百余件，他创作的漫画《老夫子》等享誉中外。这位在漫画史上具有重要地位的人物，一直没有传记。该书叙述他的人生轨迹、艺术道路，特别是他在天津、在河西的经历，介绍他在《北洋画报》

等天津报刊发表的漫画作品，也提及在他逝世多年后有人窃取他的作品欺世盗名等，说明其作品的魅力和影响。书中配发大量朋弟的漫画作品，图文并茂，引人入胜。

《人民音乐家王莘》，作者杜仲华、王斌。“五星红旗迎风飘扬，胜利的歌声多么响亮。歌唱我们亲爱的祖国，从今走向繁荣富强……”一首《歌唱祖国》，亿万人民高声传唱，深深扎根在每个中国人的心里，它的作者就是王莘。王莘1936年参加革命，1943年加入中国共产党。他生前是天津市音乐家协会名誉主席，中国音协“金钟奖”终身成就奖获得者，创作了多首不朽的乐章。王莘多年工作在河西，曾担任天津人民艺术剧院副院长、天津歌舞剧院院长。该书是王莘的传记，从他出生写起，一直到他逝世，也包括他对后世的影响。书中着重介绍他创作《歌唱祖国》的经过，表现他人生中的闪光点，以及爱情故事等，语言生动，富有传奇色彩。

这六部书稿，既立足于河西，反映地域特点，同时又选取具有较大历史价值和文化价值、在全市乃至全国有一定影响的人物和事件来写，使这套丛书的内容既是“河西的”，又是“天津的”“全国的”。

我们相信，由河西区政协编辑、天津社会科学院出版社出版的“海河西岸记忆丛书”第二辑的出版发行，一定能够进一步彰显河西区的历史文化底蕴，使广大读者通过详细了解家乡的历史文化，激发起爱国爱乡的热情。

2020年10月23日

目 录

引 言

津河是天津市内一条重要的河流。确切地讲,津河乃是贺家口引河、复康河、红旗河及青年路墙子河仅剩的河段的统称,经过 2000 年的改造将这几条河道贯通起来,改变了旧有的面貌,成为天津一大景观。

贺家口引河位于天津市区的南部,是津河的主要部分,在天津的经济、文化等方面具有举足轻重的作用。本书主要是讲津河的主干——贺家口引河。

河渠者,水道也。《史记》即有《河渠书》,专门记述河道和水利设施。有人说:“水面是城市的精灵,古今中外名城都和水面契合。”在漫长的历史中,贺家口引河——津河虽不像海河那么悠久和显赫,却也承载着可圈可点的人文故事。

贺家口引河并非天然形成的河流,她是根据疏浚和灌溉的需要而人工开挖的,本是垦荒和农耕文化的产物。其名最早见于清道光二十六年(1846)《津门保甲图说》。据清同治九年(1870)《续天津县志》记载,系乾隆五年(1740)至三十六年(1771)四次挖掘而成。用于引海河水灌溉贺家口、小王庄、佟楼一带的农田。

俗话说："有河就有水，有水便有人。"贺家口引河由东而西至八里台，其两岸村落大都建于明清时期。《津门保甲图》即清晰地标有贺家口、小刘庄、东楼庄、西楼庄、小王庄、佟家楼、五窑(吴家窑)等。古村因水而兴，民生以河为盛。早年，这一带的人多以耕种为业，少有小商，菜农多将新鲜蔬菜运到城里售卖。清康熙、雍正年间，河畔有位童葵园，"买负郭田数亩，取风人之意，以'闲闲'署其斋，日事吟咏，即以'闲闲'名其集"(《津门诗钞》)，这当是佟楼村最早的文人。

从文化地理的视角来看，昔日的津河沿岸，特别是贺家口引河从佟楼到八里台一线，最能体现津沽高雅文化的传承，和天津文化艺术的包容性与开放性。

佟楼到八里台沿河一带充满了浓郁的野趣，20 世纪初，这里老柳低垂，一河如带，池塘坑洼遍布，积水深深，芦苇丛生，一条条鱼儿游动，一群群水鸟栖息，时常有一只小船载着人们前来游憩，被人称为"小西子"。而河流又往往是文化的"根脉"。此时，天津和寄居天津的一些文人学者、诗家词人都看上了这块宝地，"曲水流觞，群贤毕至"，结诗社词社，往还唱和，承接并延续天津的文人雅集之风，而使流风不坠于乱世，一时间成了诗词歌赋的"创作基地"。且因环境幽雅，一些富豪买办及亦官亦文的退隐之人多在河畔建私家花园和别墅，追求一种恬淡和自然的生活。从 1936 年出版的《最新天津全图》上看，贺家口引河两岸即标有丁家花园、澂碧园、梁家花园、管家花园、新农园、麦家花园等。没有标注的还有罗开榜的罗园、朱启钤的蠖园、蔡绍基的蔡家花园、倪嗣冲的倪家花园、雍剑秋的西湖别墅、张学良别墅等。这些花园一个接一个，几乎是连缀在一起的。或主人文化品位高,“结庐南郭南,心远地自宽”,或招引社会名流前来风雅聚会,承载着水西一脉雅文化的“绝唱”。

最值得一提的是1921年由严修等倡导成立的城南诗社。诗社首先从恢复水西庄的风雅文化做起,再续水西文脉,天津地方文化教育界知名人士几乎全部参与诗社活动,形成天津近代文学史上最大的文人群体。而“城南”之名即取自雅集地天津城南今津河之畔的八里台,“复昉乎浴沂风咏之例”。社集之日,荡舟赏景之外,多是分韵赋诗,斗棋赌酒,有时亦为射覆、敲钟之戏。“城南诗社人,最喜城南游。”从《严范孙先生古近体诗存稿》中看,仅严修描写八里台旖旎风光的诗作就不下六七首。其《八里台归途示诵洛》写道:“夹岸丛芦一色青,橹声续续水波澄。故乡风景君应记,略似西兴到绍兴。”城南诗社的另一位骨干、津门学者王守恂的《王仁安集》中也收有《八里台秋泛分韵得雨字即呈诸公》等诗作。该诗在回忆他当年任钱塘道尹时居西湖畔放舟探幽之后,深情地写道:“唯此八里台,仿佛旧莲浦,秋高爽气来,招邀载清酤。”严修、王守恂都是被近人汪国垣列入《光宣诗坛点将录》中的人物。他们的诗作不仅光大了水西庄的文化传统,也为今天的津河八里台这一风景之地增添了光彩。

如前所云,为便于乘舟小聚,不少文人雅士还把别墅建在佟楼附近的津河即旧贺家口引河两岸。夏季来临,每天到此乘凉游憩的舟船多达二十余只,南北文人的“龙潭聚会”再现了当年水西庄的风雅。

成立于1930年前后的诗词团体须社,由擅经史、精诗词的闽侯籍学者郭则沄主持,成员也多是客居津门的南方籍学者。他们经常光顾的地方也是今日的津河之畔;循河乘舟,填词联句,常常是词侣们的"活动形式"。《烟沽渔唱》汇集了须社词人的数百篇词作。该社发起人之一、无锡籍学者杨味云的《云在山房骈文诗词选》中就收有相关之作,诗中"红藕将残,白苹未老,柳丝冉冉,犹带斜晖"的佳句,使人身临其境般地感受到这里水乡的清新和野趣。在诗中,人们似乎闻到了花的芳香、水的气息,实在令人神往!在此期间,高凌雯的"城南绿水抱村流,曾共诗翁一放舟"(《刚训斋集》卷十二),冯文洵的"楼台俯青溪,烟景似江左""新涨一篙碧,疑人天上坐"(《紫箫声馆诗存》),也都是文人会集八里台、泛舟青龙潭的诗词名句。

当代作家黄裳在《榆下杂说》中曾提到他探访水西庄故地的情形:"记得五十年前在天津读书时,曾经到八里台左近去过,也不知道是不是当时的原址,但见高柳垂荫,一溪环绕。"黄裳所到之处不是水西庄故地,而是八里台一带。但他的话恰恰在提示我们,今日之津河及八里台一带与水西庄在文化上确是相连而又相通的。

今津河南岸的新农园(也称观稼园)也是当年津沽文化的一大渊薮。园的主人管凤和诗书俱佳,文化素养非同一般。据称,华渡管氏人才辈出,其中管绍宁、管干贞、管世铭、管凤和、张致祥(管亚强)五人,堪称常州"管氏五杰"。管凤和常招饮文人雅士于其园中,赋诗作书。从前人诗中可知新农园的美景:茅屋草舍、石笋假山、松树农田、长廊流泉。诗人张玉裁 1927 年有《秋日宴集观稼园分韵得客字》云:"斜穿吴窑村,忽见幽人宅。环以衣带水,虚室能生白。"陆文郁先生在《天津书画家小记》里说:"管凤和字洛声。武进人,寓津,家焉。喜书法,又为名诗家。于八里台居住,临水建'新农园'。与严范孙等组织城南诗社，每当春秋佳日，聚津地内外名诗家于其园中，为吟宴畅游之叙。洛声务农事，于园中养蜂多箱，取蜜分房之事，躬自为之。又养‘来客亨’鸡，‘安国乐’兔，勤劬处理，兴致勃然。郁曾两次至园参观，布置井井，俨农家也。洛声和易近人，无名士骄矜之习。”

罗园与新农园相邻，是罗开榜的私人园林。罗本是军政人员，辛亥革命后皖系北洋军阀的重要骨干，曾官至北洋政府陆军部次长，代理总长。然此人性喜植菊，退隐后在河畔建园，培育菊花，有“罗园艺菊数千种”之誉 。罗亦好客，于是罗园也成了文人雅集之所。宣统皇帝的老师陈宝琛、袁世凯次子袁克文、小说家刘云若、报人王小隐、《北洋画报》创办人冯武越等都曾到罗园访菊。20 世纪二三十年代的《北洋画报》即刊有多首名人在罗园观菊咏菊的诗词佳作。1928 年，著名学者、古文字学家唐兰来罗园，颇有兴致地说：“罗园菊花，尽态极妍，主人终岁之勤，仅乃得此。余当数过其间，流连忘返，偶以诧诸小隐（即王小隐），小隐欣然，并约诸友同往，武越（即冯武越）且摄景若干而归。园近佟楼，小隐为数丰雪故事，闻所未闻。”游园归后特作《罗园观菊》诗，赞罗园菊花的清雅与妍美。

比新农园、罗园等略晚的私家园林当属八里台附近的水香洲。水香洲，津西胜芳籍张镒先生 1934 年所建。郭则沄《清词玉屑》有多处描述这里的风光水色：“津南八里台亦曰八里潭，水村缭绕，多植芰荷，老柳带之，风景佳绝。”“八里台畔有水香洲者，文安张仲钧观察别业也，临流结屋，夹水通桥，径出苔矶，林藏花坞，中有沧近居、一沤亭、三十六陂吟馆诸胜。”美丽的世外风光吸引了众多文人前来游赏。天津籍文人赵元礼（幼梅）、李金藻（琴湘）、徐兆光（镜波）等，客居津门的陈实铭

(踽公)、郭则沄(蛰云)、杨寿枬(苓泉)、许钟璐(珮丞)、胡宝善(楚卿)、侯毅(疑始)、陈中岳(诵洛)、许同莘(溯伊)、管凤和(洛声)、刘春霖(润琴)、查燿(际午)等,都是水香洲的常客。水香洲主人与宾客一起描摹风景,抒发感慨,创作了很多优秀的文学作品。他们的作品被集成《水香洲酬唱集》四卷,由郭则沄编订刊行,在一定程度上发展了天津的古典文学。如杨寿枬《甲戌六月水香洲赏荷赋呈沧近居主人》等皆脍炙人口,水香洲风韵跃然而出。津人徐兆光有《沧近居记》把园林兴废同国家兴亡联系起来,指出水香洲兴盛对传承天津文坛风雅的重要。

水香洲建成两年后,张镃便去世了,水香洲亦随之衰败。七七事变,新农园、罗园等亦大多毁于日本帝国主义的炮火。而须社的最后一次雅集是在 1931 年。只有城南诗社,天津沦陷时一度衰歇,光复后再次振起,延至 20 世纪 50 年代初。

20 世纪 50 年代后,佟楼、八里台一带,文化设施纷纷落地,百花齐放,文艺复兴,津河两岸依然是天津的一方“文化高地”。杜甫《客至》有云:“舍南舍北皆春水,但见群鸥日日来。花径不曾缘客扫,蓬门今始为君开。”每读到这诗句就想到天津的这条津河。

人民装扮着津河,津河铸就了文明。人民离不开津河,津河造福于社会。愿津河与天津人民同生共长,展翅高飞,共创辉煌!

一 清代开引河 取名贺家口

津河是天津市内一条重要的河流。确切地讲,津河乃是贺家口引河、复康河、红旗河及青年路墙子河仅剩的河段的统称,经过 2000 年的改造将这几条河道贯通起来,改变了旧有的面貌,成为天津一大景观。贺家口引河位于天津市区的南部,是津河的主要部分,在天津的经济、文化等方面具有举足轻重的作用。本书主要是讲是津河的主干——贺家口引河。

贺家口位于天津市河西区东北部,泛指今福建路、解放南路和津河下游交汇处一带。清乾隆五年(1740),为引海河水灌溉贺家口、小王庄、佟楼一带的农田,人工开挖了一条河,叫贺家口引河,因流经佟楼村,也叫佟家楼河,后又更名废墙子河。这条河渠,西起八里台,向东流入海河,东西贯穿今天的整个河西区。

引河起之贺家口

何谓“引河”？引河是指为引水灌溉而开挖的河道。关于引河的作用，清同治年间，直隶总督李鸿章因天津水患与津人沈兆沄议弭患之策。沈兆沄说：“天津仅海河受南北运河之水，夏秋之交，海潮顶阻不纳众流，则奔驰泛滥，天津被害独重。治水之法，在南北运河之上游池水分流，以杀其势。使三岔河口受水较轻，其势自缓，此一定不移之论也。”蒋玉虹《志稿》载引河甚多，如马家口、海光寺，均为居民房舍，安有河迹可寻？要之，前迹虽不可寻，多开引河，自是持论不磨。沈兆沄之论治河，未尝不本于此。蒋玉虹《志稿》有云：白塘口至波水洼，有引河一道，光绪十六年，李鸿章因其迹开卫津河，自八里台以达津南洼，挖正河计五十余里，并于白塘口、双港、北八里口、聚宝庄通支河八道，统计正河、支河一百三十余里，桥十一座。是年，东南乡水势泛滥，故开支河以达于海也。（《天津政俗沿革记》卷二）

清道光丙午(1846)刊《津门保甲图说》有《引河图说》，其中说道：“自天津东门外起至大沽止，共八道，内惟咸水沽、杨惠庄、盐房桥三道尚通畅，舟楫可行；其何家圈、太平庄等地，虽间有淤塞，然此时欲流瀹深通，不唯需费过繁，而形势弯环，亦难资宣泄，可无议修。”且特别提到以下三条：一、贺家口引河。工长两千余丈，系消波水洼积水入海，其石闸一座，外护潮水，内消沥水，伺涨落以为启闭，于民田实有关系，急议修筑挑浚。一、双港引河。工长三千余丈，亦消波水洼积水者，形势与贺家口同。一、白塘口引河。工长四千余丈，系消黄花泊积水入海，河身俱已淤塞，亟宜挑浚，其桥闸藉资启闭，坍塌处尤宜兴修。

由于时代变迁，天津旧时开挖的引河有的今天已不再发挥作用，有的依然保留，比如天津市中部的月牙河，清雍正三年(1725)开挖，引海河水屯垦，俗称“老河”。1959 年疏浚拓宽，因其形如月牙而改称今名。北起今东丽区跃进路与北环铁路相交之西减河，南至东丽区吴嘴村南入海河，长 14.4 千米。此外，还有北辰区的永金引河、郎园引河，东丽区的新地河，津南区的洪泥河、幸福河、十米河，宁河县(今宁河区)的西关引河，武清区的东狼窝引河，静海县(今静海区)的港团引河等。

贺家口引河的取名与其地理位置有关。贺家口引河东起海河岸边之贺家口，西至卫津河处之八里台。贺家口西有海河叠道，为通往咸水沽、葛沽、大沽之要道。《津门保甲图》“东南一带村庄”，第十四图标有贺家口引河，在此河往东入海河处，即贺家口引河与海河夹角偏南的地方有一个村庄便是贺家口。贺家口是天津海河最早的官办渡口之一。《天津县志》记载：明代万历年间，天津设官渡八处，地点在北马头、晏公庙、大直沽、宝船口、西沽、杨柳青、真武庙、寇家口。寇家口就是贺家口。因早年这里建有河闸，习称河闸口，后讹传为贺家口。《乾隆天津县志》记有“南路，自倪家台至芦北口一带村庄”，其中就有贺家口。贺家口东南有贺家口闸桥。据《县志》所记，清代天津城关和四郊新建与重修的桥梁共有五十三座，其中即有“贺家口闸桥”。《津门保甲图说》记曰：“河流至大直沽为一大曲，道随之而转，其支流穿道过石桥束之，贺家口村在桥左，大孙庄有挂甲寺——津邑刹宇之最古者。相传唐时征辽师旋驻此，明张良相讨日本取道其间，亦矢旋时挂甲，实要地也，今寺仅存。雍正六年，营田观察使黄世发于此营围田。对岸曰小田庄，河东曰大孙庄、小孙庄，其西半蓝田也。图内庙三，南界土城村。铺户一十九户，烟户二百三十三户，佣作二十五户，负贩一十四户，僧道二户。共二百九十三户(大口九百一十七口；小口四百六十七口)。”

《津门保甲图》中的贺家口引河汇入海河

第二次鸦片战争时，英法联军进犯海河，曾在贺家口与清军交战。1858 年 5 月 20 日，英法联军攻陷大沽口，进逼天津。从大沽败退到南郊的兵部侍郎国瑞率领 500 马队，驻扎在天津黑牛城。5 月 25 日英法联军溯海河进至贺家口，遥望黑牛城有清军马队营盘，鸣炮以震之，清军马队又移营王阑堤（今王顶堤）。时有对联佐证：“贺家口鸣炮惊马队，王阑堤演武立军营。”英法联军军舰遂沿海河上驶，兵临天津城下，清政府屈辱求和，6月，英、法、俄强迫清政府签订了《天津条约》。

1915年《中国新舆图》中《直隶省全图》，在天津的东南标有“贺家口”等

贺家口在民国时期仍是天津西南部的重镇。笔者收藏一部上海商务印书馆民国四年(1915)再版的《中国新舆图》，内有直隶省全图，在天津的东南方即标有“贺家口”，再往东南也只有双港、咸水沽、兴农镇(今小站)了。现今贺家口村已不在，其位置在今天的

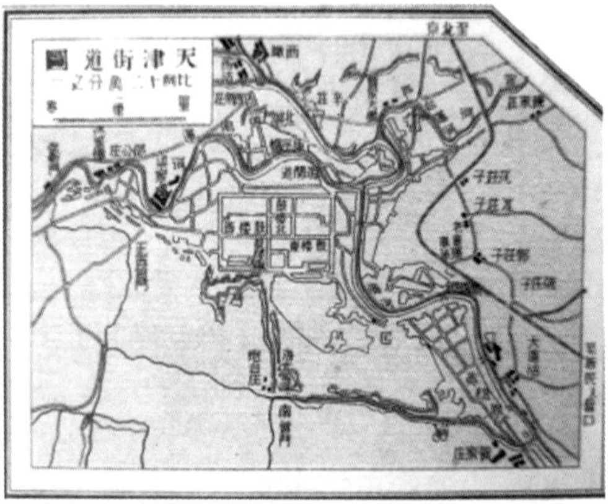

1915年《中国新舆图》中《天津街道图》上标有“贺家庄”和贺家口引河

河西区福建路南、解放南路和津河交汇处一带。

贺家口引河亦称废墙子河是因为有人将这条河与当年的墙子河挂在了一起。当年的墙子河在贺家口引河的北面，其东面的一大段与贺家口引河大体平行，20 世纪 70 年代修地铁时将其填平，成为今天的南京路。墙子河的开挖是在第二次鸦片战争期间，其历史大大晚于贺家口引河。1860 年，清政府为加强海口的防御，曾派僧格林沁坐镇津门。僧王给清政府的奏折中称："天津紧要重地，因设法严防，附城一带挑挖重濠，筑立土城，将城门关厢圈入重濠，守濠即守城。"咸丰皇帝密诏僧王："挑挖环濠，布置事宜，亦属周密。"这里说的"土城"，即民间所说的"墙子"，"濠"即"墙子河"。开挖濠河(墙子河)，以其泥土筑土城，然后设门。沿濠的土城不到一个月的时间就筑成。全长 36 里，深沟高垒，距天津老城三五里不等，营门共设 11 个(现大营门、小营门等地名仍存)。为防止英法联军再次进犯天津，在墙子设防炮位数十座，同时在城东南海河两岸建炮台两座，安置铜炮 20 余座。但未能抵御英法联军的进攻，致使城东南失守。1900 年八国联军入侵天津后，天津城墙被迫拆除，濠墙当然也陆续被拆除，只剩下一条墙子河了。

由于沿途天津各租界不断向河内排入污水，墙子河水质逐渐变差。据称 1925 年天津英租界工部局曾提出引南运河水对墙子河进行冲洗的方案。1936 年，当时的天津农会也提出同样设想，但均未实行。20 世纪 70 年代，天津市人民政府在墙子河沿线修建地铁，墙子河位于今南京路的海光寺至大营门段被填平，剩余的部分陆续改建为暗渠，当时保留在地面的只有三元村至红旗河段，称为"西墙子河"。此后，墙子河在海光寺以西的长江道部分也陆续被填平。目前，墙子河只留下红桥区小西关到南开区长江道的一段,成为津河的一部分。

可见墙子河与旧时的贺家口引河完全是两码事，既无关联,又无新旧之分。所谓旧墙子河只是一种约定俗成的叫法。也有人认为贺家口引河改名废墙子河,可能与 1900 年以后外国租界的扩展,濠墙的拆除,墙子河与废墙子河作用相像等有关,时间大概在 1900 年以后。1957 年,天津文史专家陈铁卿在《津沽杂考》里说:“废墙子河在本市南部,西起卫津河的吴家窑工人新村,东流入海河,河身和墙子下游一般约略平行。在早年天津城南本来多水，再往南积水更多，一遇连雨,‘卫南洼’一带即汪洋一片。清光绪十六年(1890),为宣泄城南的水,特向南开河一道,计长五十余里,就是卫津河,并由卫津河向东开了几道引河,以利排除积水。所谓‘废墙子河’是最北的一道引河。这河道原来没有一定的名称,因为流经佟楼村,在旧日地图上即称为‘佟家楼河’。这‘废墙子河’一名是后来才有的,很不恰当。现在这河清洁绿化,供人游览,应该更换一个较适宜的名称。”(《天津文史丛刊》第二期《津沽杂考》之《废墙子河》)陈先生的这段文字将人们何以将贺家口引河误称“废墙子河”说得很清楚,不过从现在的文献上看,该河的开挖时间比先生说的要早。

谁人挖浚灌良田

贺家口引河最早的形成得从天津的屯田说起。早在宋元时期，就有在今津南地区垦荒种稻的记载。明朝万历二十六年(1598)，天津海防巡抚汪应蛟，巡察海河下游地区，看到葛沽、白塘口一带，地广人稀，荒草弥漫，几乎没有田地庄稼。奏准朝廷，提出“滨海屯田，试种有效，留军并垦，招民兼种”的一整套屯垦主张，沿着海河南岸，由西至东，先后开垦了“十围”，就是十大块围田：即贺家口、何家圈、吴家嘴、双港、白塘口、咸水沽、西泥沽、东泥沽、盘沽、葛沽(具体记载不一致)等十大垦区，共开垦土地450余顷，这就是后来人们津津乐道的“十字围”。所谓“十字围”，就是汪应蛟对新开垦的水稻围田的十个字的编号，其实是两句五言谚语：“求人诚足愚，食力古所贵。”其做法是：“一面滨河，三面开渠，与河水通，深广各一丈五尺，四面筑堤，以防水涝，高厚各七尺，又中间沟渠之制，条分缕析。”

清人华长卿有《十字围》诗对汪应蛟等垦荒治碱，兴修水利，将百里斥卤荒滩改造成万顷良田的功绩给予高度评价。诗云：

河水澄清红稻肥，田间燕子双双飞。葛沽遥接贺家口，士人相传十字围。

桃花风起吹红雨，辘轳声里啼桑扈。十围零落剩两围，插秧犹击咚咚鼓。

朝阳含露秦天秋，天水无声日夜流。近海人家善插莳，炎风五月尚驱牛。

双港水车声婉转，蜻蜓飞起晴丝卷。何人置闸泄春潮，一湾沽水笼烟暖。

白玉塘边碧芊茸，遗址依旧水溶溶。士人千载利其利，举杯一酹汪司农。

清李云楣（采仙）有《津门新乐府》之《十字围（修水利也）》云：

天津城南地卑汙，杂树不植百草枯。每逢淫雨聚行潦，汪洋巨浸成江湖。人谓近海地广斥，荒秽不治诚堪惜。忽来大令展经猷，欲效浙闽事开辟。无水则碱有则润，穿渠引水吾弗吝。编作十字分十围，禹稷之功一人任。复修五闸司启闭，从此津门知水利。平畴方罫满郭南，顿使硗区成腴地。无游民，无旷土，岁取菽粟不可数。讵知宣泄不依时，闸废堤荒仍斥卤。试看苍茫郭外尽荒郊，荆棘纵横豺狼嗥。安能谁嗣兴民谣，殖我田畴仰郑侨。

清康熙四十二年(1703)，蓝理调任天津镇总兵，到任之后，他见“畿辅产米无多，而天津一望皆平原，可开河引水灌稻田”，于是上疏奏请皇帝批准进行营田。蓝理营田一方面采用与明朝类似的军屯方式，以“节省兵饷”，另一方面则计划招募福建农民二百余人开垦水田。蓝理计划以此为开端，一旦试验成功，就打算进一步招募江南农民，以便在天津“将沿海弃地

当年的蓝田和贺家口引河

尽行开垦”。至康熙四十四年(1705)开成二百顷，“岁收丰稔”获得成功。据称，起初蓝理的母亲担心挖沟渠会不会浸泡了别人的冢墓，蓝理又实地考察亲阅郊原，确认对冢墓无患，他母亲才放了心。后人为了纪念蓝理之功，称之为“蓝田”。乾隆《畿

辅通志》卷四七载:“贺家口围,其西半即蓝田也。东濒海河,因桥建闸,周围筑埝,围内开渠,纵横贯注,共营田三十八顷九十二亩。官民自营田九顷。”

蓝理这次营田,根据灌溉需要,浚挖了自天津城南八里台经童家楼（今佟楼）至海河边贺家口引河（即今津河的一部分);又开挖了华家圈引河,把城南护城河与贺家口引河连接起来。贺家口引河可利用海河潮水灌溉,如潮水上溯不足,又可经华家圈引河从护城河引一部分水使用。并以这两条河为干渠发展渠系,形成“河渠圩岸数十里”的水网。同时采取了水车提水方法,“每田一顷,用水车四部”,每亩产量达四五石。这次营田,使天津城南的沼泽洼地景观发生了巨大变化。乾隆《天津县志》记述当时这片洼地“雨后新凉,水田漠漠,人号为小江南”。

实际上,当初蓝理所开挖的河道,已具有贺家口引河的雏形,但并不完整,也并未命名。笔者查阅《乾隆天津县志》,见《天津县境舆图》已标明贺家口南面的土城及八里台等,但尚未标出“贺家口引河”。康熙四十五年(1706)蓝理升任福建提督离开了天津。康熙四十九年(1710),直隶巡抚赵宏燮上了个奏折，提出将蓝理开辟的一百五十顷水田交天津参将蓝珠管理,经户部议后准奏。而自蓝珠之后就无人管理,以致“圩坍河淤,数载废为荒壤”。雍正乾隆年间,又倡导营田,浚旧渠,引潮水灌溉,重开凿“贺家口引河”。据清同治九年(1870)《续天津县志》记载:“贺家口至佟楼共长八百二十三丈，又接挖八里台,长五百十三丈。乾隆五年海河垫道案内开挖,又于十年、二十九年、三十六年，三次水利案内挑挖。”清道光二十六年(1846)《津门保甲图说》记载:“贺家口引河工,长二千余丈,系消波水洼，积水入海，其石闸一座，外护潮水，内消沥水，伺涨落以为启闭，与民田实有关系，急议修筑挑浚。”

清人王履泰编有一部规模宏大的《畿辅安澜志》(成书于嘉庆十三年，即 1808 年)，在此书的“卫河”部分，载有《乾隆十二年三次水利工程奏略》，有如下内容：“乾隆八年，天津道陶正屯请自天津护城河起，由八里台东至佟家楼，开渠一道，接连贺家口旧有引河，借城东南隅之海河闸，以通潮汐。附近居民田亩，水旱皆得播种。”此奏通过时任直隶总督并兼管北河河道总督职务的高斌上报朝廷。乾隆九年，高斌又有《查勘水利工程疏》，除汇报上年河道开挖情况，云“附近居民田亩，水旱俱得播种。计用过银一千二百八十七两零”，为完善城南水利系统，又进一步提出：“今复逐加履勘，县南地形辽阔，新河河渠尚未能尽地利。应于八里台新开渠南，由凌家口西南至陈家庄，再开一渠，通至坡水洼。又自凌家口东南，由梨园头东至大任家庄，复西南至药王庙开渠一道，入白塘口旧引河，亦通

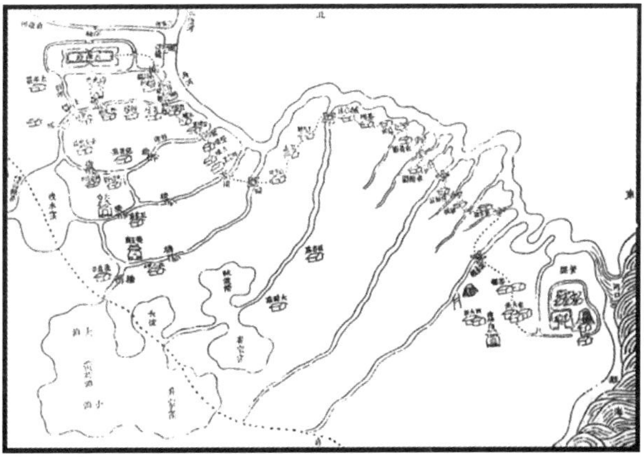

《津门保甲图》中所示津城南之水系

至坡水洼。”这里所称坡水洼大概即前文所言之波水洼。

《续天津县志》卷七《河渠》除记载贺家口引河外，还记八里台至波水洼引河曰：“八里台至波水洼引河共长三千六百二十丈，除八里台至凌家口长一千九百六十丈，向系民修，其凌家口至波水洼引河，长一千六百六十丈，于乾隆十年、二十九年、三十六年，三次水利案内挑挖。”可知贺家口引河在八里台与八里台至波水洼引河相沟通，且两河挑挖和疏浚的时间大体相同。关文斌在《近代天津盐商与社会文明初曙》一书中说：“1740 年，在白塘口和咸水沽又开挖了两条河流，接着又挖了一条连接天津城濠通往八里台(南开大学所在地)、最后在贺家口入海河的水道。1745 年又在白塘口和贺家口之间开挖了100 多里长的河流网络，从而增强了这些河道的泄洪能力，因此天津南部的洪水得以分流而后注入海河。”

从清光绪十年(1884)的《天津县图(上)》看，从“关闸”至“八里台”的贺家口引河已清晰地标明呈现出来。并且还看到，与此河交汇的是：八里台以北是一条南北向的河，此河直通天津城之西南；八里台向西南方向的一条河即注入波水洼(也有称坡水洼者)。再从清光绪二十六年(1900)的《天津地图》看，贺家口引河东起海河，西头在八里台北与卫津河垂直相通，往南与今日河渠亦同，往西通向复兴河。

为何止于湘江道

贺家口引河东入海河，本是与海河相通的，今天我们看到津河在解放南路与湘江道交口的地方却“到头”了，这是为什么？这是因为：历史上的海河河道并不是现今这样直畅，而是曲折回旋，有多个大弯道，20世纪初海河进行了裁弯取直，致使海河在这里“短”了一块，再后来又填平了一段旧河道，于是津河便与海河“分离”了。

贺家口新貌

关于“裁弯取直”，最早也经过一番周折。1887年，天津海关税务司德璀琳在海关报告中建议海河裁弯取直，由于费用较大遭到清朝官方的抵制而搁浅。1890年，德璀琳向直隶总督兼北洋大臣李鸿章建议，由英国人带头负责疏浚河道，还是遭到地方官员和民众的抵制。直到1897年，甲午战争之后，直隶总督换成了王文韶，鉴于海河水旱灾害给航运业及海河沿岸居民造成的严重损失，与多国领事负责人达成协议，成立了海河工程局，组成海河工程委员会，海河裁弯工程逐渐展开。

裁弯取直前的海河旧河道和当年贺家口引河与海河交汇处，今日成了津河的起点

○ 原贺家口引河与海河交汇处

■ 清道光时期挂甲寺大概位置

□ 97年代重修的挂甲寺

≈ 裁弯前海河走向

最早的一次裁弯取直工程是1902年完成的挂甲寺、杨庄子一段。1918年，三岔河口进行裁弯取直工程，裁直了北运河一个大弯，新开了一段新河。将望海楼南的老三岔河口移到了金钢桥以西、大王庙以北。缩短航道长度1585米。同时还裁直了南运河侯家后至老铁桥一段大弯。1921年裁直南运河梁家嘴一段，取消邵公庄至赵家场的西大湾子。至1924年，一共完成了六段裁弯取直工程。海河河道因此缩短了26.6千米，河床普遍刷深、拓宽，增加了河道的纳潮量。

当年贺家口引河的东头，海河正是一个弓形的大弯，《津门保甲图说》记载：河流至大直沽为一大曲，海河流过大直沽后形成了一个大弯道，在其西岸引出一条岔河，俗称贺家口引河。从《津门保甲图》上看引河入海河处正在海河拱起的“弓背”上，1901 年的裁弯取直恰恰将这“弓背”裁去了，根据一份海河裁弯取直前国外出版的一份天津地图，可以看出这个弯道还是比较大的，其流经的位置大概在湘江道与解放南路交口一带，转弯处在解放南路西侧，由于裁弯取直，原本在河东的杨庄子、挂甲寺，却到了河西。

1946 年天津地图绘制的贺家口、刘庄一带，裁弯取直后的旧河道还存在

海河直了，贺家口引河本该便“断了头”，与海河“分离”了。但在起初，裁弯后的这段海河旧河道并未完全消失，从 1924 年绘制的《天津及城厢形势图》来看，此处的海河弯道虽已取直，然旧河道还标有虚线，可知这段海河故道是后来才逐渐填平并修成马路的。老河西人熟悉的古海道，过去实际上曾是一条“龙须沟”，也被称为老海河，1985 年被填平成路，因为这里曾是“海河故道”，所以定名为沽海道，后来又被称为古海道。今之湘江道是北面的旧河道，利用这段旧河道将贺家口引河贯通到海河，等于将其向东延长了一段。再到后来修建了方涵，方涵即为涵洞，指水渠通过道路的地方，为了不妨碍交通，修筑于路面下的过路孔洞。贺家口引河的水流至湘江道方涵进入北洋闸泵站泵入海河，这一段旧河道也被填平了，于是现今的津河便“止于”解放南路与湘江道的交汇处。

李鸿友先生在《河西区段津河忆旧》一文中讲到了这一段河道的变迁。他说：“我出生在贺家口引河北岸小滑庄的润善里。从贺家口桥（今福建路桥）开始，河南岸为前庄，河北岸为后庄。老海河旧道就由现光华桥顺湘江道穿解放南路，在贺家口拐向南流，经挂甲寺至杨庄子，再拐回向东，由现在的土城新城小区直扎到海河杨庄子渡口，呈‘U’字形。1901 年海河裁弯取直前，挂甲寺、杨庄子皆在海河东岸，直到解放初期旧河道依然存在，只不过成小河沟子了。后来修了解放南路，原来的海河故道就踪影皆无了。”

从 1985 年绘制的《天津市河西区地名图》上看，贺家口引河已止于解放南路，先前的那段旧河道成了湘江道

从 1985 年绘制的《天津市河西区地名图》上看，这段旧河道已经不复存在，成为今天的湘江道。

百年变迁换新颜

贺家口引河自乾隆五年(1740)以后四次挑挖,由东而西直至八里台。这条引河的作用在于引海河之水灌溉贺家口、佟楼一带农田,且有石闸控制,防止海河涨潮倒灌,并承担泄沥涝积水的功能,是一条有利于民生的河道。民国时期,这条河仍部分担负着航运和排灌的作用,且与卫津河、复康河、南围堤河相通,沿岸码头常常供一些运砖的木船停靠。民国六年(1917)天津特大水灾,天津警察厅厅长杨以德发现墙子河堤有一定防洪作用,而老西开、英租界的五大道、德租界等地均在墙子河外,为此在灾后重建时,他决定将墙子河堤南

整修前的贺家口引河

移到贺家口引河一带，自八里台到挂甲寺建成新的防洪围堤。20 世纪二三十年代，由佟楼乘布棚船，可以驶往八里台、南开大学一带观荷花，或到青龙潭(今水上公园)消夏避暑。到了 20 世纪 40 年代这条河已经失去灌溉和行船的功能，成了一条污水河。

中华人民共和国成立后，城市不断发展，两岸形成了吴家窑、西南楼工人新村、卫星里居民楼及谦德庄、东楼、玉川居一带居民区。这一地区的雨水污水都经这条河排泄，其功能只限于为汛期蓄排两岸雨水至海河。近几十年来，河道污染逐渐加剧，导致河流滞留变腐。天津市曾于 1962 年、1979 年、1984 年、1988 年多次组织清淤和进行较大规模的疏浚治理。

旧时的贺家口引河，今日之津河

2000 年政府实施“墙子河改造工程”，当年 3 月 10 日正式开工，9 月 10 日告竣，历时半年。整个工程包括：改造废墙子河、复康河、红旗河、西墙子河、南运河等五条废旧河道，总长 18.5 千米，改造后统一更名“津河”。其中废墙子河横贯河西区北半部，西起卫津河八里台桥与卫津河相连，东至解放南路湘江道方涵。全长4.8千米，宽12米，穿越刘庄、挂甲寺、下瓦房、东楼、谦德庄、西南楼、桃园村、越秀路、马场街等九个街道办事处辖区。这次空前的综合整治，使废墙子河变废为宝，两岸绿化风景优美，是天津一条新的风景线，统一命名后当年的废墙子河即贺口引河便成为津河的一部分。

这项工程利国利民，大大改善了市民的生活环境，深得民心。一位多年居住在河边的老人颇多感慨。他说："津河很早的时候是一条主河道，后来越来越臭，我住在津河边上，每年夏天都不敢开窗户，蚊子、异味，让我难以忍受，现在好了。"还有一位居民说："我从小在津河边长大，看从脏臭的旧墙子河变成今天美丽的津河，现在自己的孩子也来到津河边玩儿啦，风景很好！"

今天，在解放南路和湘江道的交口处建有一座小公园，叫津河广场，这里是津门胜景——津河的风景线的起点，立有《墙子河改造工程碑记》云：

墙子河改造工程碑记

天津全市人民瞩目的墙子河改造工程，于二〇〇〇年三月十日开始建设，九月十日全线胜利竣工。短短六个月，旧貌变新颜。昔日污水臭河，如今碧波荡漾，两岸绿草如茵，美景如画，成为津门一道靓丽的风景线。这是天津人民贯彻“乘势而上，开拓创新，全面上水平”工作基调的一项重要成果，是献给中华人民共和国建国五十一周年的一份厚礼。

上溯一百四十一年(清咸丰九年)，公元一八五九年清朝政府挖壕筑墙而成墙子河。历史上的废墙子河、西墙子河、南运河兼有航运和灌溉的功能，然而随着时代的变迁逐渐变为排泄城市雨水和污水的河道。中华人民共和国成立后，党和人民政府多次进行疏浚整治，但长年积累的河道污染和环境脏乱问题日趋严重，群众迫切要求进行彻底根治。

一九九九年度，中共天津市委、天津市人民政府根据人民群众的呼声和愿望，决定实施墙子河改造工程。整个工程包括：改造废墙子河、复康河、红旗河、西墙子河、南运河等五条废旧河道，总长十八点五公里。工程包括：治理河道，清除淤泥，砌筑河坡，新建和加固桥梁，整修和绿化沿河道路；建设引河设施，在三岔河口修建堤水泵站，将海河水引入南运河，经改造后的墙子河再排回海河，形成流动的活水，贯通墙子河。

在墙子河改造工程中，广大建设者付出了极大的努力，沿河途经的和平区、河西区、南开区、红桥区承担了工程的重要任务，驻津人民解放军、武警部队和全市四百二十一个单位、十多万人参加了工程义务劳动，为墙子河改造工程做出了历史性的贡献。

为铭记墙子河改造工程，中共天津市委书记张立昌欣然题词：“津河”。

二〇〇〇年九月十日立。

二 地因水而兴 河畔古村伴

在漫长的历史中，海河西岸这片地方在相当久的岁月中，是旷无人烟的荒凉之地。最早一批自然村落正式形成，大都是在明朝和明朝以后。明天启年间《天津卫屯垦条款》地图中，已有西尖山、东尖山、土城、陈堂庄（今陈塘庄）、何家圈（今上河圈和下河圈）、灰堤（今灰堆）等村庄。这些村落的形成盖得益于屯田和水利。水润泽了土地，人的生存不能离开水。

贺家口引河两岸的古村落的存在与这条河渠息息相关。1846年的《天津城乡图》上，在贺家口引河边上，明确标出小刘庄、东楼庄、西楼庄、王家庄、佟家楼、吴窑、八里台等，村落多在高处，周边全是稻田，图上标作“蓝田”。（见《天津通志·规划志》）这些古村故地与贺家口引河，或共生共长，或相互依存，河渠与民田灌溉和民生紧密联在一起。

闸口北面是刘庄

贺家口引河与海河交汇处有座河闸，人称此处为闸口，刘庄便在这闸口的北面。刘庄原名“小刘庄”，据称是以当地地主刘宝芝的姓得名。清道光二十六年(1846)《津门保甲图说》载：“大直沽受群川之流，按《方舆纪要》云，地势平衍，群流涨溢，茫无涯涘，故有大直沽之名，今则旁多淤田，民庐错矣，其对岸曰小刘庄。图内庙七，南界贺家口。”小刘庄与古老的大直沽隔河相望，也是个水陆码头。早年这里的人主要是从事农耕和商业。明万历十六年(1588)，天津兵备道查志隆命天津三卫经历司造渡船，设渡口八处，其中就有大直沽与小刘庄之间的渡口。自1917年随着裕元纱厂兴建，农业遂废。继而刘庄街头出现了脚行、

刘庄大街的旧牌坊

理发店、照相馆、说书场、茶楼、杂货铺、粮店、饭馆、鱼市、金银首饰店、当铺等，形成贯穿刘庄的一条繁华街道——刘庄大街。嗣因张、王、傅、苑等当地几家大户倡议，在刘庄大街东口设立牌坊一座，上镌有天津市著名书法家李学曾题“刘庄大街”四个大字。

关于小刘庄的来源，文史学者尹树鹏先生曾撰文说：“明早期的多种文献都把两岸周边地区统称大直沽。也就是说，小刘庄地区和大直沽始终锁联为一整体。”他认为现在出版的地名文献中写着小刘庄是清道光年间形成的村落，其实这是小刘庄作为村名最早独立出现在《津门保甲图说》的时间。《津门保甲图说》是天津官方首次对天津县全境村落进行户籍调查所作的图示文字说明，是官方有文化的人员操作，对村名记述会有所改动。《津门保甲图说》只是一个现状调查，最有价值的是用图示标明了各村落的相对位置，为研究村落在道光年间的状况有了精确记述。但要追述各村来历尚要有以前文献进行考证。小刘庄就是一例。

他说：“说明小刘庄早在元明之际就形成村落的依据，还

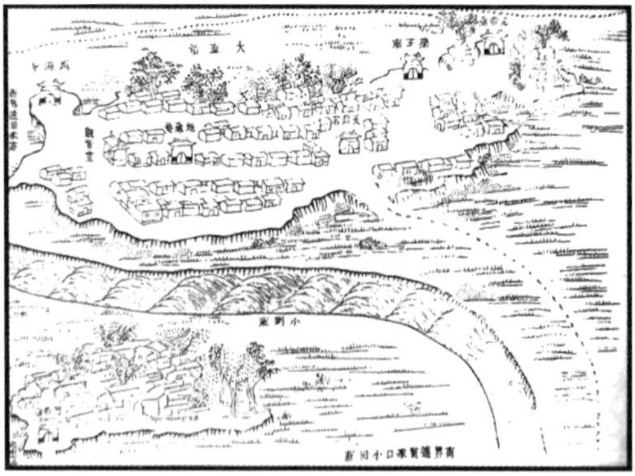

《津门保甲图》上的小刘庄

有另一佐证，即官渡的修建。明万历十六年（1588）天津兵备道查志隆命天津三卫经历司造渡船，设渡口八处，其中就有大直沽渡口，是八个官渡口之一。西岸

者人烟稀少不够规模，官方决不会在大直沽建立渡口，而此时河西沿河地带已有许多村庄，都没设官渡，也说明大直沽西岸繁荣最早。之所以不提出小刘庄村名仍然是将二岸当作一个整体村子来看，而后，西岸越来越发达，聚落大了，有独立资格了就以村中大户刘姓为村名也就自然了。”

早年，小刘庄一带土地肥沃，以盛产皮薄口甜、内细清脆的青萝卜而享誉津门。据说明朝嘉靖年间有个受宠皇妃爱吃南方的荔枝，可交通不便难以保鲜，于是宰相严嵩想出妙法，把荔枝树连根挖出，装船运到天津，然后再摘下用快马送达京城。如此这般，荔枝树所带的大量泥土就留在了小刘庄。日月积累泥土渐多，小刘庄人就在这片土上试种青萝卜，结果色翠味佳，好吃不辣，口味独特，因此民间歇后语有云：“小刘庄萝卜——俩味的。”

小刘庄这个地方自20世纪20年代后，居民逐渐增多，厚德里、裕厚里、恩德里、德源里和同德里等里巷相继建成。1936年裕元纱厂被日本人吞并，改名公大六厂，增设了机械设备和厂房，盖起公明里、信德里、公明大院、信德里大楼，使刘庄与贺家口、南华里、下瓦房连成一体，而人们仍习称这一带为刘庄。中华人民共和国成立后，随着天津城区的扩大，刘庄一带已成为城区的重要组成部分。

1950年7月著名作家孙犁写过一篇文章，题目就叫《小刘庄》，这篇文章收在1962年他在百花文艺出版社出版的《津门小集》中。文中说：“小刘庄大街的牌坊，面临着海河的摆渡口。过渡的主要是工人，每到上班下班，小船就忙起来。宽大的海河两岸，一直排下去全是工厂”，“两岸工厂紧张的机器声，掩盖着波浪细碎的声响，海河显得很平静，宽广，像劳动者的胸怀一样。小刘庄是工人集中的住区，和市中心的风格比较起来，它只是一部长篇故事的小小的插曲，但是一个非常含蕴热烈充实的插曲，无限的前途要在它身上展开的。”

随着海河两岸经济的发展，渡船也不断增加。1953 年，刘庄渡口的坡跳设备得到维修和加宽。1955 年，刘庄渡口收归国营。1957 年，解放南路向南延伸，纵贯刘庄。1959 年，在原刘庄渡口处，建成连接海河两岸的刘庄浮桥。该桥长 117.8 米，为开启式木结构浮桥。1991 年刘庄浮桥改建为斜拉桥，因临近刘庄故名刘庄斜拉桥。1983 年建成的海河公园——秋景园，为刘庄增添新的光彩。

津门书法家王坚白多年居住在刘庄。王先生幼学于先师武爕枢先生之门，后毕业于天津官立中学，又从章式之、李实忱、锺蕙生诸先生学，为国学研究社社员、崇化学会会员。其书法早年习“二王”，后习虞世南、锺繇，遍临章草诸帖。其所作浑厚凝重，流畅洒脱。王坚白为天津市文史研究馆馆员，任天津市书协理事。

河弯之下为土城

贺家口引河东入海河，土城在两河交汇处的南面，海河湾的下方。今天的土城泛指今大沽南路与解放南路交汇处东侧一带，旧时为天津东南部临近海河的一个比较有名的村落。民国年间津人王守恂在《天津政俗沿革记》中记有“西沽、丁字沽、军粮城”等十一个“天津村镇最著者”，其中就有土城。相传，原先这里有一座土垒围城，四周低洼，后来定居于此的人们叫这个地方为土城。清光绪《津门杂记》谓土城为“土塍”，城与塍同音，是指田间的田埂或界路。似与传说吻合。

《津门保甲图说》中的土城村

土城在明代已成村落。明天启年间的《天津卫屯垦条款》地图中便标有土城村。清道光《津门保甲图说》载：“土城村倚河（海河）面道（海大道，今大沽南路），居民颇夥，村外有小道。”北界连贺家口,西界通尖山庄,东界连宣家楼,村内有药王庙,村西北有砖瓦窑。全村“共二百二十五户(大口八百二十四口;小口四百三十三口)”,“绅衿八户,铺户二户,烟户一百七十四户,佣作三十四户,负贩七户”。由此可知当时该村之规模。

老年间土城有一座庙宇,名为“金仙观”,其名据说得之于清朝的康熙皇帝。有人做过考证称,康熙二十四年即1685年,康熙皇帝准备南巡查看江南传教士在中国传教的情况,这里的人们听到后,修了一条长长的土埂路,以便作为“皇道”。不久康熙皇帝乘龙舟过这里时,村民们跪在海河堤岸上,三呼万岁,恳请皇上在庄上驻跸,皇上不允,百姓直是磕头不已,康熙很感动,遂笔赐“金仙观”。这段叙述在《圣祖实录》和《康熙起居注》中均有记载。

还有人说,在康熙皇帝亲临土城村前,那里已有不少居民,当时的庙宇并不叫“金仙观”,而叫关帝庙。中华人民共和国成立后修缮时,在正殿脊檩上发现钉有“天启四年(1624)重建”木牌一块,是民间工匠留下的记载,俗称“千秋带”。这说明重建至少也有390年的历史了。

金仙观因康熙御笔赐书,香火愈加兴旺,每年农历四月二十八日(民间谓药王诞辰)的庙期,届时烧香拜佛顶礼还愿的人络绎不绝,卖玩具、卖吃食的各类摊贩,比比皆是。高跷会、法鼓会、跑旱船等民间花会蜂拥而至,热闹非凡。

土城村傍海大道,是天津城区通往大沽海口和南郊一带的必经之路,加之金仙观庙会著于津沽,昔日之土城人繁户密。村内有东大街、中大街、玉顺街、裕泰街、仁和街,多为土房,一些高大青砖瓦房均系富商官宦人家所有,如以天津富豪著称的“八大家”之一“土城刘家”及田家瓦房、杨家瓦房和孙家大楼等，坐落其间。这些大户在清末民初尚有声威，至中华人民共和国成立前已败落。著名画家刘奎龄就是土城刘家后裔。

土城靠近老海河（老海河土城段1902年裁弯曲直后变成古道，今古海道），村民以务农为业，主要是园田，产量较高。村内有米面铺、磨坊、酱园、香店、羊肉铺、包子铺、果品店、烧饼铺、当铺等。金仙观内设有广济水会，备有双缸压水机一架，水桶数十副，是防火利民的公益组织。

海河裁弯取直之前，从海河故道在挂甲寺西侧折转，向南兜了一个弯又东折，紧挨土城村北流过。“湾”为水流弯曲的地方，故土城村西偏北处，名为“湾兜子”。1900年6月八国联军入侵天津时，为了袭击南乡一带的义和团，将湾兜子作为一个重要的登陆点，在此曾和义和团交战，“洋兵伤者不过数人，义和拳所剩无几”（刘奎龄语）。当时土城人民积极参加义和团，在金仙观内设坛，焚香练拳，曾配合聂士成清军在纪庄子同入侵者展开激战，有十数名村民阵亡。笔者曾一观刘奎龄先生创作的义和团抗击八国联军的中国画，激烈的战斗场面，令人震撼，让人感叹。

天津解放前夕，土城村仍处在城市的边缘地带。新中国成立以后，这里已与天津市连体，古老的村落实现了排水管网化、街巷路面柏油化。如今这里早已建起新型住宅楼，其中西部多六层混合结构楼。因从四新桥附近到今天的南北大街南口比走解放南路要近，20世纪六七十年代，我从四新桥去棉纺四厂那边，都要从土城的街巷经过，那时的土城还很“土”，甚至还有一些土坯房，坐落在土房之间的几所瓦房及旧楼也已残破不堪，其间还有几处杂货店，规模很小。现在这里街面宽阔，路两侧店铺林立，908路等公交车从这里经过，早已看不到一点旧时的模样，老旧平房更是踪影皆无。

至于金仙观，1949年天津解放初曾进行维修。1952年却将药王像填到坑里，把大殿改成土城小学的大教室。1976年地震，大殿后墙倒塌，1978年拆除大殿，1989年盖起了一座建筑面积3400平方米的土城小学四层教学楼，金仙观痕迹无存。

土城是著名的“足球之乡”。这里的土城小学为“足球传统学校”，早在20世纪50年代，学校师生填平水坑，扩大场地，建起足球训练基地，先后有几十名足球运动员成了国家、省（当年的河北省）、市足球队成员。足坛名将“左氏三兄弟”——左树起、左树声、左树发，家住土城药王庙胡同28号，他们的父亲是地地道道的足球迷，常跑到民园、新华路体育场看足球比赛。受父亲影响，左树起等也迷上了足球，兄弟三人的勇猛作风、娴熟技巧和憨厚品格，给足球观众留下了深刻印象。

东楼村自王姓起

东楼村原名“东楼庄”，又称“东楼”，位于今河西区中部，北抵贺家口引河，南界前街（今东楼前街），东至海大道（今大沽南路部分），西达王家胡同。村外是菜田、水坑、坟丘及荒地。村旁海大道两侧是水沟，从村里到海大道要过跳板。村里多是土房，只靠近海大道有几间瓦房。早年，东楼村并没有楼，却以楼命名为村，有人认为大概是因为当地有个“大土地庙”，当时人以脊顶形的庙宇不同于民舍，故而称之为“楼”，由于庙居

《津门保甲图》中的东楼庄、西楼庄

东，而有东楼村之称。

相传明初有李姓渔民，打鱼进献给恰经此地的皇帝，帝甚喜，赐此地予他作晒网之用。后又有一王姓来此居住，这就是东楼村最早的两户居民。最早记载东楼村名也是《津门保甲图说》。其中“东南一带村庄图”第十一曰：“大土地庙庄相连之村曰靳庄子，其在道外者曰东楼庄，地多闲旷，人烟亦密。图内庙二，北界行宫。烟户一百六户，佣作三十五户，负贩六户，僧人一户。共一百四十八户（大口五百二十四口，小口三百四十四口）。”

20 世纪初，东楼村的商业兴起，村庄也扩展到了海大道以东，先后有了吴家胡同、恩兴里、魁升里。1915 年又兴建了忠厚里、信德里、普安里和王家房子。20 世纪 30 年代东楼村已具现今规模。此时海大道两旁水沟已填平，东楼已成为沟通城乡的商业集中地。热闹非凡的海大道街市，店铺毗连，摊棚林立，顾客川流不息。举凡鲜鱼水菜、米面油盐、文具纸张、烟酒棉麻，乃至香烛纸马、佛龛年画等商品，分别设市趸卖零售。海大道东侧玉川居酱茶园，是张玉亭 1922 年开办，他的酱菜以色鲜、味美、洁净而远近闻名。玉川居大街以店得名。此外，德华馨鞋店、天一堂药店、聚兴杂货店、协昌米面庄、天广和百货店等，也都十分兴隆。

1924 年在村里几位长者倡议和赞助下，兴办学校，建立天津县东楼第七小学（今东楼小学）。学校开有语文、算术、地理、历史、自然、英文及音乐美术课，学制七年。由于在历次天津县小学通考中都名列前茅，使相距较远的佟楼、黑牛城、陈塘庄等地居民也送子女到此上学。

东楼村及西楼村、尖山村，素以园田种植时令鲜菜著称。

在 1900 年前后，开始播种红菜头（即紫菜头）、玉葱（即洋葱、葱头）、花椰菜（今称菜花）、红茄（即番茄、西红柿）、甘蓝（圆白菜）、豌豆苗等细菜。收摘后销售“英国菜市”（后为大沽路副食品商场）、“法国菜市”（后为长春道副食品商场）专供洋人西餐及本市大饭庄使用。其中，玉葱产量相当可观。至民国后，东楼、西楼等村已出现暖窖，在冬季烘焙黄叶韭菜，价格颇贵。

东楼村人民有着光辉革命斗争史。1900 年村民参加了抗击八国联军的战斗。1926 年，傅茂公（即彭真同志）在郭家坟柴禾场（今东楼太平街西一带）秘密进行革命活动，东楼村人民积极参加。

甄刘二姓西楼村

西楼村,或谓西楼庄,位于贺家口引河的两岸,建于明朝初年。相传燕王朱棣扫北,路过此地,留下甄姓、刘姓等十八户,形成村落。清道光《津门保甲图》即绘有西楼庄(即西楼村)。其“南面一带村庄图说”第十二中载:“后李七庄之上有二村,曰西楼庄,曰王家庄。民舍相同,面临小河,盖即海河之岔,由双港大桥曲折而赴此地。”

西楼村因何得名,无案可稽。有人干脆称其为“没有楼的西楼村”。1986 年出版的《话说天津卫》一书,称《津门保甲图说》里记有“西楼一名班字楼”。然笔者查遍了该书,并未发现这一记载。不过《图说》所绘西楼庄,在村庄的进口处却矗立着一座关帝庙。庙的形状为方形,顶部为脊顶坡状、颇显高大。对此,有人分析说:尽管庙宇有一层也有两层的,但北方的人民,尤其是农乡人家都称其为楼,至今在乡间老农口里,凡见到带脊的古建筑就称其为“楼”。这种情况,就如同天津近郊人们至今还呼其人家的大门上的脊形装饰为“门楼子”一样。

“西楼”到底有没有“楼”今已无法确定,但与西楼村毗邻的东楼村、南楼、北楼,乃至西楼村南边的西南楼,据说这些地方的得名统统与西楼之“楼”有关。有人曾说:“西楼村因一座楼而得名,东楼村之名因与‘西楼村’相对而派生;‘西南楼’因位于西楼以南而得名。一座小楼竟产生了三个著名的街区名。可见在三百多年前以平房为民居主体的历史时期，一座赫然矗立的二层楼房，在津沽大地所造成的万人景仰的轰动效应。”

西楼村人民有光荣的历史。早在1927年,中国共产党天津地委吸收先进农民甄元和入党并在这里建立了党的支部组织,以“国术馆”(西楼后街24号)为掩护开展农民运动,即有贺家口、小滑庄、东楼村、西楼村、小刘庄农民参加的著名的天津五村农民护佃反霸斗争，同大地主李荩臣展开了不屈不挠的斗争，一直持续到天津解放。陈德仁所编《天津地下党斗争》在1927年中记述:“4月中旬,在傅茂公(彭真)主持下，在津南(今河西区)西楼成立村农民党支部，书记甄元和。”1934年7月，中共河北省委党刊《火线》第七期对天津五村

西楼后街24号为五村反霸遗址

农民反霸护佃斗争做了经验总结。这些经验对全国的农民运动有着积极的意义。特别是大城市郊区,工农结合进行革命斗争,是一个成功的典范。

新中国成立后,西楼村名已经消失,但仍有西楼大街、西楼前街、西楼中街、西楼前街后段、西楼东小街、西楼孙家胡同等以西楼冠名的街巷。20世纪五六十年代,从广东路沿人民公园西墙南行,越走“洋儿味”越淡,“土味儿”越浓,到了贺家口引河桥边以致产生一种身置乡镇的感觉——这里便是当年的西楼。如今这些地方的小土屋、砖瓦屋早已为高楼大厦所取代。现只有一条西楼后街,街的两侧也不是旧门面,而多是居民楼和事业单位。

佟楼得于童葵园

佟楼村在贺家口引河以南，今马场道南端。清代康熙、雍正年间有位叫童葵园的文人，就住在这儿的一间小楼里，楼内有书斋，取名“闲闲斋”。那时，天津很少有楼，一些地方往往因楼而得名。当时这一带还是一片田野，只有童氏一家居住于此，故而人们依其姓称之为“童楼”，久而久之便讹传为“佟楼”。

童葵园，字兰凤，天津人，居直沽南，购有负郭田数亩，以“闲闲”署其斋，与津门著名学者龙震同以工诗著称，著有《闲闲集》。其生平被清代陶梁辑《国朝畿辅诗传》、徐世昌撰《大清畿辅书征》、梅成栋辑《津门诗钞》等多部典籍所载入。

童葵园心志淡泊，不求闻达，其性情颇似晋人陶渊明。他有一首《闲居》诗，曰：“闲居忘语默，寡怀游所天。箕倨憩竹阴，夕阳辉檷前。飞鸟过庭树，暮云交荒烟。万类俱变态，忘形适自然。云胡役尘事，方寸百虑牵。窒欲无骄侈，富贵何用焉。淡泊以明志，箪瓢等肥鲜。安居以乐道，容器似华椽。诗史娱岁月，涉猎胜田园。勿为情所肆，养性得其全。”他逝世后，许多津门文化人都对他和他的闲闲斋追念不已。

无独有偶，在天津城西邵公庄南运河畔有一位叫佟鋐的人，其楼也称“佟家楼”，又名“艳雪楼”。据天津方志载，清初诗人佟鋐，字蔗村，妾赵氏字艳雪，工诗，楼因以名。刻下遗迹荡然无存，人犹呼为佟家楼云。

佟鋐“布衣革履，忘其为贵介”，行迹与童葵园颇为相类。佟氏作诗，各体擅长，尤精五言，可惜没有诗集留下，现只能从《津门诗钞》《津门征献诗》《莲坡诗话》中找到五六首遗诗。但其妾赵艳雪却留下“自古美人如名将，不许人间见白头”的千古名句。津门及外籍文人查为仁、孔尚任等常做客于佟家。佟氏曾出资印刷孔尚任的《桃花扇》，使这部戏剧名作得以传世。他还不顾危险将以反清复明为念的屈大均之四子收为养子，视为己出。当时佟家的这座楼真成了诗家文人们诗酒唱和的“文艺沙龙”。

然而，不可思议的是，真正属于佟家的楼如今非但早已不见踪影，连名字都被人淡忘了；而“童楼”却成了“佟楼”，而且作为地名居然以讹传讹地一直被使用，叫得是那么响亮，这在天津真是一件有趣的事。

《续天津县志》卷十九《艺文》收有童葵园《沽上饯别》诗：“海天新涨一杭浮，野树鸣蝉夹岸稠。村落几家云树下，夕阳一片柳梢头。碧筒鲸吸酬吟兴，紫管鸾吹送客愁。脉脉离情何处是？半滩红染蓼花秋。”此诗是讲送友人的，本是抒写离愁别绪的，从中可见童葵园与诗友间的深情与交往，却也生动记录了三百年前佟楼一带柳细蝉鸣的水乡野趣。

清末民初，佟楼及其周边环境也够得上津郊景观乃至成为津人郊游之处。民初《简明天津指南》称：“本市每届夏季。八里台与佟楼青龙潭一带。游艇密集。是市民唯一避暑消烦之所。”1942年《三六九画报》做过介绍:沿着马场道,一直走到尽头,就看见一座石桥。过了石桥,“就可见到短短的篱笆和矮矮的土房了,这里更点缀着附近牧场的几只母牛,十足显出了乡村的风味。回顾马场道的洋房、柏油路,两者相形之下,恰像是两个世界”。离石桥不远,就是著名的倪家花园。再向右拐,马路由沥青变成黄土,“则见两湖夹岸,绿柳垂堤,鸟声婉转,花色芬芳,眼前景色豁然一变,悠然忘却咫尺之外即是繁华嚣市”。堤的右边,有一小池,“两岸槐树高遮,柳丝倒垂。每值阳春,桃花盛开,红白相间”。堤的左边也有一池,较右边小,但水清澈见底。再往前行,则是一片稻田。嫩绿的稻苗“微风吹过,随风倒去,恰如一片绿波”。

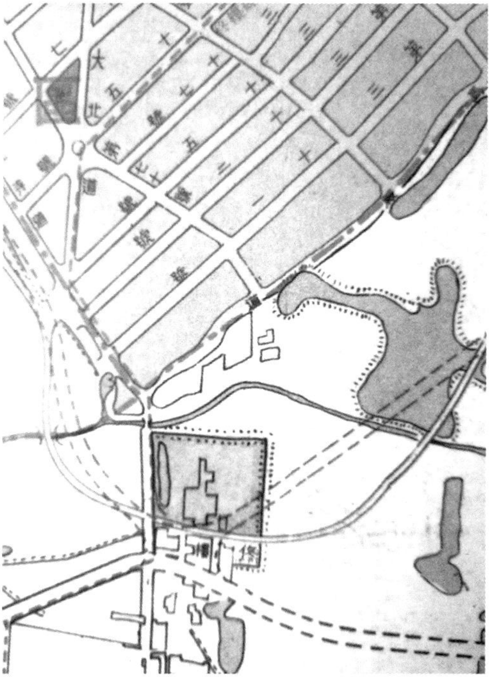

1943年天津地图标注的佟楼位置

以窑取名吴家窑

吴家窑是个村名，其地北临贺家口引河，大致范围是，东起今天的贵州路，西至卫津路，南达天津师范大学宿舍春光楼。

吴家窑至少已有500多年的历史。清道光《津门保甲图说》中便记载此地有“五窑”村之名，并在“东南一带村庄图说”第十五图中标有砖瓦窑的图形。这个地方原有五家窑，据说原来是由五家结拜兄弟在此烧窑为生，从而称为“五家窑”，因“五”与“吴”谐音，后来便被人们叫成了“吴家窑”。也有人说，明永乐年间，有吴、邢、李、韩、赵五家结拜兄弟在此落户，垒窑一座，烧制碗、盆、砖、瓦，人称“五家窑”，或“五窑”。五弟兄以吴某排行为大，“五家窑”全由吴家人经营管理。久而久之，“五家窑”亦称“吴家窑”。

关于“吴家窑”地名的来历，近年来，在天津民俗圈中多有争议。除有人认为“吴家窑”原是“五家窑”外，也有人说：“吴家窑之前称作‘兴窑’，窑址建在八里台正东一华里处。自1860年开始，先后有英国、法国、美国、德国、意大利、俄国、日本、奥匈帝国和比利时等国，通过签订不平等条约和协议，在海河两岸相继设立拥有行政自治权和治外法权的租界。各国在其所辖之内大兴土木建楼盖房，又在佟楼村西南修建了外国跑马场。‘兴窑’之初，为英法租界供应了大量砖瓦，买卖可谓兴旺一时。当时有人赞其财运，皆说与窑场字号有关。其实这‘兴窑’之‘兴’，本是东家名号，据说当时无论窑工还是熟人一律称其‘兴哥’。几年后，兴哥雄心勃勃，东进20华里，又在河东增开了第二家窑场，称作‘增兴窑’，此名一直沿用至今。约在20世纪20年代初，不知何因，兴哥后人将‘兴窑’易主佟楼村吴姓人氏，更名为‘吴家窑’，是为现名之始。‘吴家窑’地处一条东西河道的南岸，沿河而西即是八里台，向东则是佟楼村。自‘兴窑时代’即有大批窑工携家眷沿河盖房定居，亦有远人投奔而来，年深日久形成村落，始称‘吴窑村’。村前有条与河道并行的道路逐渐繁华起来，各业商贾列肆于市，街道两旁幌旗招招，使其愈加热闹，此街即是后来赫赫有名的吴家窑大街。”

昔日的吴家窑老柳低垂，苇塘无际，一河如带，从村边穿过。当年吴家窑村的吴家窑大街，东段有几户人家，多系经营牛奶房，向西有兴家胡同、魁发里、双顺里等几十户人家，以务农种稻为生，房屋低矮，周围是旷野、公园和墓地。旧时华北公墓、第五公墓便坐落于这一带。还有一些私人的花园墓地。

新中国成立后，天津先后建设了七处工人新村，吴家窑是其中一个，是棉纺厂、造纸厂、轮胎厂、染化厂等企业的工人宿舍。和其他新村一样，吴家窑工人新村也是“段儿房”，共分为十五段，每四段之间有一条路，即吴家窑一、二、三、四号路，其中三号路就是现在的气象台路。

《今晚报》的张建回忆20世纪60年代的佟楼说：“德才里

的那组新式楼房自然很是惹人注意，它的布局既开放又封闭，所谓开放，小区的四面都有十分规整的道路通向区外；所谓封闭，在小区内生活显得非常僻静，外界几乎无人干扰，特别是楼与楼之间有着广阔的空间，其中还建有简易的花园，这在当时可谓'豪华'透顶了。”他说："从我家去德才里必须跨过墙子河上的小木桥。那时，八里台至佟楼这段墙子河一共有三座木制桥梁，我一般习惯走正对四号路的那一座，因为它刷着绿色的油漆，人们又俗称它为'小绿桥'。在墙子河南岸的土坡上，搭建了许多简陋住房，因此墙子河渐渐成了排污河、垃圾河，奇怪的是德才里迎面的那一段却比较整齐，多是公共建筑。”(《德才里的记忆》)张建先生所说的“墙子河”其实就是贺家口引河。

南原樵影八里台

“八里台”来源于八里台村，该村庄在贺家口引河之南，贺家口引河与南卫津河夹角的地方，原为旧城迤南的坑洼苇地，常有人来此采苇入城出售，清代曾列为津门八景之一，称为“南原樵影”。旧城外洼中高地俗称为“台”，此台距城约八里，故名。清道光《津门保甲图》已标此称。

八里台村的形成时间，有学者考证大约在清雍正年间，因为乾隆四年的《天津县志》卷首的《天津县境舆图》中，就已经标明了八里台村的位置。其对应的位置就是今天的八里台立交桥。乾隆《天津县志》载有八蜡庙一座，在城南八里台。清嘉庆年间王履泰编有一部规模宏大的《畿辅安澜志》，其中提到：“今复逐加履勘，县南地形辽阔，新河河渠尚未能尽地利。应于八里台新开渠南，由凌家口西南至陈家庄，再开一渠，通至坡水洼。又自凌家口东南，由梨园头东至大任家庄，复西南至药王庙开渠一道，入白塘口旧引河，亦通至坡水洼。”

《今晚报》的副刊 1994 年 12 月 27 日刊载杨德华先生《八里台地名新考》。文章引《元史》29 卷“泰定本纪”载：泰定元年八月躬诸王八里台。因元代译文无定字，八里台原称八里带亲王属地。八里带是元世祖忽必烈的侄孙,其封地在今八里台至六里台一带。八里台是八里带亲王属地之通称,并不指特定之楼台。杨文认为:六里台与七里台均未得出处,想是近代人以自八里台计算里程数推想得出。“八里台”是原生地名。“六里台”因距“八里台”一千米而派生得名。在“八里台”和“六里台”之间,再加上“七里台”,顺理成章地形成了系列地名。至于我们所言之“八里台”是否就是元代的封地那就不敢妄言了。

当年出了南门,海光寺一带是连绵稻田,而六里台、八里台一带则是郊外开洼荒原。旧时南门外警察公署辖区最多延伸到海光寺一带。天津人埋怨某机构或某人管事过宽过滥,就说“你是南门外的警察,还代管八里台的事儿”。

1924 年《天津及城厢形势图》上所标八里台的地理位置

八里台一带河网密布,环境幽雅。民国时期的《天津志略》有云:“八里台荷花,与西沽村桃林,南北媲美。日落之后,荡舟往游者甚多,而南开大学之南北二莲池,莲花尤多，亭亭玉立，翠叶如钱，乘机而观光南开大学者，亦不乏人。”八里台西面的青龙潭（今水上公园前身），芦荻丛生，荷花隐映，白天鸣蝉在树，夜晚流萤扑人，每到伏天，人们到此纳凉、游泳、划船者甚多。近人冯文洵《八里台》诗云：“水木清华八里台，天然风景绝尘埃。东瀛士女欧西客，双桨容于载酒来。”（《丙寅天津竹枝词》）陈诵洛游八里台诗云：“八里台前秋水生，小舟如叶驾风轻。行人系马垂杨外，柔橹时闻一两声。”又有《七月十五八里台放舟杂诗》道：“吟眸端向此中开，一棹清游亦快哉。摇向荷花最多处，始知舟子亦清才。”作者自注第三句盖述舟子语而饶有诗意。（《陈诵洛集续编稿·河山颂》）

文史学者吴裕成先生在《陆文郁放歌八里台》一文中写道，津门文人陆文郁 1933 年的一段文字，能令读者如同身临其境。夏日清晨，出游采标本，经西南角南开到王顶堤，然后向东，奔八里台。陆文郁写道，循河东行，岸边青蓼苍耳之属，株高逾人。穿行其间，需“分枝理叶而进”。走了大约一里路，“前面一水横焉，萍叶荡溪，渔烟隔水，沙禽三两，警人飞鸣”，一派水乡野趣。河畔有种名叫“团团雪”的植物，花开正繁。陆文郁兴致益发勃勃，“且采且歌曰：采集采集兮津南之乡，乱草没人兮荒径回肠，八里台兮将携趣，只见流水兮不见其处。流水前横兮风漾其波，风漾其波兮水纹如罗。沙鸟畏人兮飞鸣而逝，吾独何为兮见水而止”。歌毕，涉水过河，到了八里台。

1934 年春，柳亚子由上海抵天津，探望时任南开大学英文系主任的儿子柳无忌，曾以其亲眼之所见，赋诗赞八里台一带的风光：“汽车飞驶抵南开，水影林光互抱环。此是桃源仙境界，已同浊世隔尘埃。”（见《北行集》，《磨剑室诗词集》，上海人民出版社 1985 年版）

八里台聂士成殉难纪念碑

也是在八里台的西面即今之天塔下，水上公园路一侧的绿地上，建有一座“聂忠节公殉难处”的纪念碑亭。碑亭两旁刻有袁世凯书写的长联：“勇烈贯长虹，想当年马革裹尸，一片丹心化作怒涛飞海上；精诚留碧血，看今朝虫沙动劫，三军白骨愁歌乐府战城南。”横额为“生气凛然”。聂忠节，即清末直隶提督聂士成，“忠节”是清廷给他的谥号。一百多年前，在抗击八国联军的战斗中，聂士成大义凛然，负伤阵亡，血染八里台桥头，在中国近代史上留下了壮烈的一页。清末爱国诗人黄遵宪为纪念聂士成的壮烈殉国，写有《聂将军歌》。歌云：“聂将军名高天下闻，虬髯虎眉目面色赭，河朔将帅无人不爱君。天苍苍，野茫茫，八里台，作战场，赤日行空尘沙黄。一弹掠肩血滂滂，一弹洞胸胸流肠，将军危坐死不僵。”卫津河的八里台桥取名“聂公桥”。“聂士成血战八里台”的故事代代流传。

民国初年，八里台这个地方还曾有一座宏大的寺院，叫“望海寺”。这座佛寺原本位于三岔河口北岸，香林苑以西。始建于清朝初年，乾隆元年(1736)重修，原有乾隆皇帝的题额及殿联，为清代三岔河口著名景观之一。凡商旅行至三岔河口,莫不登临望海寺拈香拜佛,祈求神灵保佑。乾隆皇帝到天津巡视,多到望海寺拈香,并在此观览休息。1918 年海河裁弯取直这座古寺被拆除,寺院的石料、木料、坊额、碑石、炉钟等均移往八里台后重建。并且将乾隆御诗碑运来置于碑亭内。八里台望海寺坐北向南,寺内供观音,殿前有牌坊一座,正面有“海门慈筏”,背面有“百谷朝宗”,内容与天后宫同。但八里台的这座望海寺并未维持多久。20 世纪 20 年代初,大殿改为学校,碑亭移至南开大学木斋图书馆西边,成了图书馆纪念碑的碑亭,御诗碑遭弃,被埋之地下,古钟被悬挂在大悲院的大雄宝殿内。

1985 年 2 月,修建中环线时,在八里台一民房的地下发现了望海寺乾隆御诗碑。碑通高 3.12 米,宽 0.93 米,厚 0.31 米,碑额、碑身、碑座都有龙纹浮雕饰。碑上镌有乾隆皇帝自 1767 年至 1788 年间六次出巡(方志记载,乾隆共十次出巡至津)途经天津时,在此拈香为望海寺作的七首诗。

碑阳二首。其一:“南运河边望海寺,海其遥矣海河然。观者是佛观察智,普遍三千与大千。”其二:“李贺诗人具卓见,杯中海水泄犹然。堂中大士如如望,道里那更计百千。”落款为“题望海寺一韵二首,乾隆丁亥(1767)暮春上浣,御笔”。乾隆此次来津是察看堤闸,并检阅新城水师营和海光寺绿营兵。

碑阴一首:“波罗梵宇碧溪浔,恍是普陀紫竹林。即色不殊即空体,海河当送海潮音。到来门径宛相识,悟去慈悲没处寻。未得无心心合众,延禧祝嘏一真心。”落款为“望海寺作,庚寅(1770)暮春中浣,御笔”。乾隆此次来津参加了海神庙落成典礼。这一年天津及周围十一州县却遭水灾。

另有碑左侧一首,碑右侧一首,碑阴额一首,碑阳额一首。

每首诗后均镌有两方御印。然这七首拈香瞻礼御诗却未收入《畿辅通志》卷十《宸章三》高宗纯皇帝(乾隆)御制诗中。这七首诗现已成为研究海河及天津历史文化的宝贵资料。

三 文以水为盛 九曲名园多

如今的津河之畔，高楼鳞次栉比，车水马龙，但在20世纪二三十年代，津河即贺家口引河的两岸却散布着十多座幽雅的私家花园和别墅，其中有丁家花园、陈祝龄的瀫碧园、梁炎卿的梁家花园、蔡绍基的蔡家花园、管凤和的新农园、麦信坚的麦家花园、罗开榜的罗园、朱启钤的蠖园、倪嗣冲的倪家花园、雍剑秋的西湖别墅、张学良别墅等。这些花园和别墅一个接一个，几乎是连缀在一起的。主人建园无非是追求一种恬淡和自然的生活，却也引发了文化的兴盛，园中的雅集，常招引社会名流前来聚会，吟诗作书，承载着水西一脉雅文化的“绝唱”。

西湖别墅雍剑秋

西湖别墅在贺家口引河的北面，旧址在今马场道169号、171号，建成于20世纪20年代，为英国庭院式建筑，号称中国人在华北自办的唯一西式大饭店。80年前，提起西湖别墅，津城可谓无人不知、无人不晓。1930年1月1日刊于《北洋画报》的《记西湖别墅》一文载，“本埠西湖别墅为名绅雍剑秋氏所设”。

雍剑秋先生

雍剑秋，名涛，生于1875年，江苏高邮人。少年时在上海学英文，早年入香港英国教会学堂，新加坡大学毕业，1898年回到上海。1900年庚子事变，任“救济北方难民慈善团”翻译。1911年任天津造币总厂副厂长，后任德商礼和及捷成洋行军火买办，经销克虏伯军火，成为国内最大的军火中介商，曾接受袁世凯奖励的勋章。袁世凯死后,雍剑秋于1918年移居天津,开始经营房地产并创办学校,先后任江苏会馆、广仁堂、天津基督教青年会、汇文中学董事长、南开中学董事。

雍剑秋拥有大量的不动产,还有现款100万元。他早期以做军火买办发家,这不但成为他终生的身份,也在客观上对中国近代军事产生影响。而他在后半生则一直从事慈善事业,多做善事。他设立天和医院向教会捐款、修路并兴建学校,在天津的宗教和慈善界活动中最为活跃,一直是捐款最多的一位。他还是北戴河海滨公益会会员,公益会发起人之一,对海滨公益事业多有捐助。据雍剑秋的孙女雍载莹说,小时候,她们家的大门外每天一大早就有一大堆人排着长长的队,他们都是各个学校前来向雍请求捐款的。

对于雍剑秋所做的善事,现今有三种分析,一说是雍心存善心,既表现出基督徒慈爱的胸怀,又可视为中国人探求挽救国家危亡的爱国之举;一说他渴望通过做慈善企图以地方绅士面貌出现,重新树立他的社会地位;还有一些人认为,他做善事是为了给他儿子缔结社会关系,为儿子的将来铺路。而雍载莹则认为,祖父晚年热衷慈善是出于赎罪。

雍剑秋移居天津后,"于英拓马厂道(即马场道)旁,非租借地上,置地数亩,建有别墅,开园辟池,移花植木,本为个人休养之所,嗣以自奉素俭,颇嫌宅第略广,因使公开,以娱游人。后西侨有请赁居独间者,且津门人士,辄于公暇休假之日,结伴莅止者又甚众;雍氏决定辟宅为小型饭店,居旅客而售饮食焉"。其后,于1929年春天在其附近另建新楼,落成后仍称西湖别墅。当时报纸介绍说:"津门唯一之大建筑,乃巍然现其宏体于马厂道之首。""今有别墅,可供登临远眺及饮食舞息之需,吾知必为津门人士所乐趋也。”

西湖别墅足可称是“一座可以让中国人骄傲的饭店”。其卧室布置,幽雅精致,且均附有浴室。“饮食第一精美,全埠无出其右者”。拥有当时天津唯一的弹簧地板跳舞场,可容宾客700人活动。在屋顶设有花园以及升降电梯。另外,还专门从国外请来了洋乐队。西湖别墅尽占地利优势。门前马厂道为全市最干净的马路,空气清新,宜于休养。每天晚上(除星期一)均有舞会,星期日下午则还有茶舞会。每逢中西佳节,均有特别跳舞大会。

1929年12月28日,著名京剧表演艺术家梅兰芳赴美交流演出途中,由京城抵天津,即下榻于西湖别墅。当晚《天津商报》在西湖别墅举办盛宴,包括市长在内的二百多名各界人士莅临,晚宴盛况由商报馆摄制成电影,“颇极一时之盛”。第二天“旅津美国大学同学会”亦曾宴梅于此,梅氏对于该西湖别墅“极端赞美”。

1942年春,雍剑秋把自己的西湖别墅租借给张纪正、方先之等著名医师设立了天和医院。1948年夏,雍剑秋去世,埋骨于北戴河的联峰山。从此,这座最大规模的西式饭店在人们的记忆中渐行渐远。

丁园竟在水中央

丁家花园在贺家口引河的北面，贺家口引河与今河西区绍兴道交口处西北隅,今上海道小学至罗马花园社区一带。虽早已不存,但至今这里仍留有丁家花园和丁家桥的地名,还有以丁家花园和丁家桥命名的社区和商家店铺。1936 年绘制的《最新天津详图》对这座园林有确切的标志,1946 年的天津地图中依然有“丁家花园”,图上是一片很大的湖塘。但该园为何

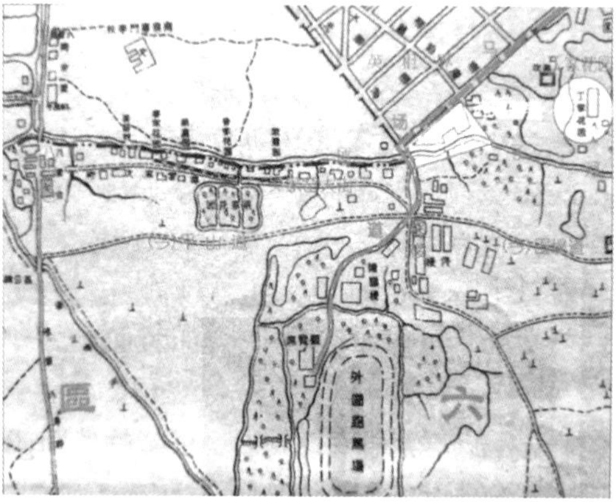

1936 年版《最新天津详图》标有丁家花园,早年的丁家花园一带有大片水域

人所建、为何人所有，尚无明确记载。有人推测其拥有者为丁家立，乃丁家立在津时所建。

丁家立是美国人，本不姓丁。他曾在天津设立中西书院，自任院长，直到光绪二十一年(1895)。同时，丁家立还曾兼任美国驻天津领事馆副领事，受聘任天津中西学堂总教习，时伍廷芳任该学堂头等学堂总办，蔡绍基为二等学堂总办。光绪二十九年(1903)该学堂易名为北洋大学(今天津大学)，丁家立仍就任总教习。光绪二十六年(1900)，丁家立一度兼任所谓“天津都统衙门”汉文秘书，办理一切外交事务;后又兼任保定学堂总教习。义和团运动期间，八国联军侵入天津，天津中西学堂旧址被德军占领，校舍受损，丁家立旋亲赴柏林与德国政府交涉，获五万两海关银的赔偿金，丁家立即以此款建筑北洋大学在西沽武库的校舍。光绪三十二年(1906)，辞去北洋大学总教习职。其在北洋大学任教时，该校课程仿照美国著名大学标准，教学方法重质不重量，凡毕业生皆可直接进入美国著名大学的研究院，北洋及民国时期的一些著名人物多为丁家立本人护送留学美国的高才生。此后，丁家立还曾任美国驻华公使馆汉务参赞，民国十年(1921)退休回美，次年夏来华游历，民国十九年(1930)在美国加利福尼亚去世，终年 73 岁。

丁家花园是否是丁家立留下的，大概可能性不大，《天津市地名志 03 河西区》只是说：“1919 年丁氏在此建花园，遂有此名。1940 年后废，人们相继建房，沿用其名。”另有“丁家大院”条说：在今永安道南侧，“原为德国人修建的花园，1939 年后陆续建成民宅形成大院，命此名，1984 年地名普查标准化时并入丁家花园，名遂废”。丁家花园与丁家大院是什么关系，丁家花园是否就是丁家大院，也是不得而知。但从种种迹象看，

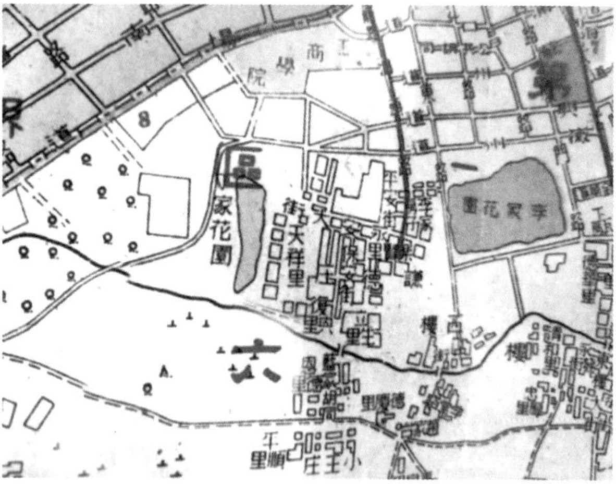

1946 年天津地图标有丁家花园，仍是很大的湖塘

这丁家花园的拥有者极有可能是一位军政人员、文教人士或其他社会名流。

丁家花园的主人和建造的起因难以确定，但花园的特点和景物却有明确记载。1936 年版《天津游览志》名胜古迹一章描述：“私家之园林，本无甚见述，惟丁园（在四乡第五区）在水中央，有天然风景。”可见此园四周环水，颇具水乡情趣。《天津游览志》还收入当时一位文人的长诗，书写他的丁园之所见和由此引发的种种感悟，书写彼时他对时势的担忧和个人的抱负。他说：“戊辰（1928）夏，公赞之长子寄寓该花园中。予以赋闲，亦曾下榻。己巳以长调纪其事焉。”于是他写了一首《丁园行（并序）》。这里只将诗序照录，并作点校。

著雍执徐之夏，曾世讲自沪携眷来津，寓居丁园。时予方滥竽特一区市政公署，承其笺牋召，数数过从。迨易帜，公署改组去职，遂亦下榻于园中。花草妩媚，水木明瑟，挈舟去楫，拾胜嫣妍，频印蜷居，不知人世之奄忽。今夏再膺讲席（阜阳宁宅），溽暑蒸人，眷顾名园，咫尺千里，偶成长句，以志不改。

“著雍执徐”说的是“哪一年”。我国古代表示纪年有异称，“干支”部分有“太岁在戊之年名著雍”，“地支”部分有“太岁在辰之年名执徐”，“著雍执徐” 应是戊辰年，这一年当是公元1928年。“世讲”是一种称呼。初谓两姓子孙世世有共同讲学的情谊，后称朋友的后辈为世讲。所谓“曾世讲”应是作者朋友的后辈。作者与其一同下榻于丁园中，共同享受园中美景，花草繁盛，在水中荡桨漫游，真乃“身置世外桃源”一般。

有人说：“天津佟楼、吴家窑一带水塘河渠遍布，风景自然，著名的清代名园‘童家楼’，以及近代的‘倪家花园’‘西湖别墅’ 等近十座名园均建在这一带，丁家花园便是其中佼佼者，花园依水而建，一番沽水乡情。”此言不虚。

倪家花园气象舒

倪家花园在贺家口引河南岸，佟楼村的北面。天津老一辈人都知道，倪家花园的主人叫倪嗣冲。晚年的倪嗣冲在英租界马厂道购置了一块地皮，他原本计划兴建为晚年生活的花园，但当院墙和花房建成后，倪嗣冲病逝。倪家花园的工程搁置，家人后将倪嗣冲葬于此处。随后，附近的居民就都称这里为倪家坟地。

倪家花园虽为墓园，景色却极为雅致，当年这里也是人们的郊游之地。近人周学熙《止园诗集》中有数首诗都是抒写作者游观倪家花园的。其《游倪氏林园》云：

依水园林气象舒，几行高柳阴扶疏。丰碑大碣将军墓，木斫墙圬处士庐。雨足尚添新菜甲，潦收难见旧芙蕖。山邱华屋今无恙，赢得平泉世世居。（洪水后，荷尽淹，只有大柳蔬畦与高冢映带，颇得幽致。）

《上巳日游倪氏园林二首》云：

永和禊事作清游，逸少文名百世留。天地有情人易老，江山无主水空流。将军雄武存巍冢，公子遗芳胜故楼。举目不禁今昔感，几行高柳阴虚舟。

几行高柳阴虚舟，一片平原带小楼。叱犊短蓑人最乐，听莺斗酒客消愁。茂林非竹还栖燕，曲水无觞且狎鸥。大好园林闲是主，永和禊事作清游。

《雨过倪园观莲》云：

一溪美景占芳辰，雨过清香细细新。最喜暮年如意事，爱莲还是种莲人。(此花为余手栽，已四年矣。)

倪嗣冲

后又有《游倪氏园》云：

已无大柳与高槐，岂似当年怀抱开。稀甲数畦随地长，新荷几点旧时栽。丰碑独见将军冢，曲水遥通戏马台。白发苍头何处去，只余狂蝶过溪来。

倪嗣冲字丹忱，安徽阜阳人，生于1868年，卒于

1924 年。清末参加小站练兵,后纳资捐候补知府。历任武卫右军执法营、北洋巡防营务处、东三省行营营务处等差遣。后任奉天、吉林提法使。1911 年经袁世凯推荐,任河南布政使,帮办河南军务。1912 年委充毅军营务处总办、武卫右军翼长。1913 年任安徽清乡督办、皖北镇守使、安徽护军使、安徽都督。袁世凯称帝前,联合十四省上书劝进。后曾任长江巡阅使兼安徽督军等职。1920 年,皖系战败,他辞去安徽军政各职,寓居天津。

倪嗣冲来到天津, 时值天津的民族资本主义的初级发展阶段,倪嗣冲和他的儿子倪幼丹大量投资工商业,兴建工厂,倪嗣冲也成为北洋军阀中在天津投资最多的一人。倪氏父子当年在天津的经商规模,如今统计起来仍令人惊讶。他们的投资和开办的企业涉及领域极广,包括金融业、纺织业、采矿业、粮食业等。他与好友王郅隆于 1917 年就创办了金城银行。由于倪嗣冲资金雄厚,倪氏财团声誉日隆,曾给金城银行的集资带来莫大好处。此外,倪氏企业当时经营理念先进,如追求先进的生产工艺和技术;开办纱厂与自行种植棉花形成产业链;经营粮食业,从原粮到加工,再到销售、贩运,自成系列,等等,以致很快成为当时工商业资本之巨擘,被称为“倪氏财团”。有人用六个字概括倪嗣冲的一生:亦官、亦军、亦商。

在众多企业中, 天津裕元纱厂是倪嗣冲投资最多的一个企业,投资额达 110 万元。裕元纱厂坐落于天津小刘庄,1915 年在北洋政府农商部注册为股份有限公司, 实收资本 200 万元,1918 年投产;其中倪嗣冲投资 110 万元,占了总资本的一半以上。当时,天津仅有 5000 纱锭的直隶模范纱厂一座,因此拥有 25000 纱锭和 500 台织布机的裕元纱厂成为当时天津规模最大的纺织厂。至今，天津仍有一些企业是从当时倪嗣冲创建的工厂一步步发展而来的。

倪嗣冲一生交友无数，但曾任北洋政府财经总长的王郅隆可谓是他的莫逆之交，倪嗣冲在天津的生意，王郅隆多是他的合作伙伴，在生命最后的岁月里，与王郅隆的友谊成为倪嗣冲最重要的珍藏。1923 年 9 月 1 日，日本突发关东大地震，王郅隆正赴日向日本大仓洋行商谈借款之事，不幸蒙难于横滨，年仅 35 岁。倪嗣冲在重病中听此噩耗痛哭不止，病情加重。1924 年倪嗣冲在明白之时，深感来日不长，除三年前已将其部分财产分给子侄妻妾外，向长子幼丹道出遗嘱：死后要捐巨款，资助津、皖两地的慈善公益事业。

倪家花园里的石人、石马

据文史学者张绍祖考证，倪嗣冲在天津的第一处寓所在原意租界三马路(今河北区进步道)西段南侧，那是一幢非常讲究的大楼。左邻就是倪嗣冲的好友王郅隆的住宅，对面是一家医院,但原房现已不存。第二处在原英租界围墙道(今南京路和平保育院),这里原为一座大楼,院内地势宽敞,倪嗣冲又加盖楼房一幢,有假山、凉亭,配以花草树木,甚为幽雅。倪嗣冲很喜欢这处房子,自1920年在天津寓居后,就一直住在这儿。

张绍祖先生对倪家花园印象极深。他说:1952年我11岁,住在马场道二十二中学(今天津财经大学分院)对过,夏天经常到佟楼河边去玩,看见河对面有石人、石马和高耸的石碑,后来听说那里是倪家花园倪嗣冲将军的墓地。1953年,天津市人民政府决定在佟楼倪家花园建儿童医院新址,找到倪嗣冲的三子、时任利中酸厂经理的倪叔平,倪叔平在家属的支持下,将父亲倪嗣冲和其他亲人的坟墓迁到北仓公墓。1954年11月16日,在倪家花园开始兴建天津儿童医院。1956年建成门诊楼、理化楼。1957年住院部大楼建成,倪家花园新院全部投入使用。

从事收藏的杨克贵回忆,六十多年前,刚上中学的他每到假期便跟随历史老师到这片花园“游园”。在他的记忆里,那是

倪家花园里的墓碑

一处私家陵园，道路是石板铺成的甬道，两侧摆放着成对儿的石兽和石人。陵园环境很好，绿树成荫，鸟语花香，少年时的他并不因为它是“陵园”而感到害怕。相反，在这样安静的环境里，老师边走边讲很多历史故事，都深深地印在了他的脑海里。

2008 年 3 月 29 日《今晚报》刊登了一张《倪家花园春游》的照片，图为天津常德道四友小学学生到倪家花园春游，摄于 1946 年。当时倪家花园一带比较偏僻，学生到那里游玩已经算是远足了。照片收藏者言穆名当时在四友小学就读。同学中还有多位当时天津名医的后代，但多数已难于指认。照片中的建筑上有匾额一方，放大后仔细查看可辨认出“椿荫犹存”四字。

蠖园主人朱启钤

1925 年,25 岁的美国宾夕法尼亚大学留学生梁思成,收到父亲梁启超从国内寄来北宋匠人李诫撰写的《营造法式》一书,“兴趣大增”,由此走上中国古代建筑研究之路。1930 年,梁思成加入“中国营造学社”,在那里撰写了《中国建筑史》,成为建筑学一代宗师。而《营造法式》一书的发现者与“中国营造学社”的创始人,则是朱启钤。

朱启钤(1872—1964),字桂莘,晚年号蠖公,人们称他桂老。祖籍贵州开州(今开阳),清同治十一年(1872)生于河南信阳。清末举人,历任京师大学堂监督、津浦路北段总办。入民国,历任交通总长、内务总长、代理国务总理,组织中国营造学社。新中国成立后任中央文史馆馆员及全国政协委员。他的一生经历了清朝末年、北洋政府、民国、日伪、新中国五个历史时期。

1905 年,1910—1911 年,1916—1930 年,朱启钤三次居于天津。在此期间,他在司法改良、铁路建设、兴办实业、国道规划、传统建筑等方面,劳绩最为显著。退居津门后因夫人有病,需要良好的静养环境,朱启钤于 1922 年购买了贺家口引河北岸、倪家花园对面一块地皮，营建一幢庭院式别墅，命名“蠖园”。

蠖园的主体是一所三层洋楼,建筑相当别致。主建筑是西式的两层楼房,下有地下室,楼层周围均设回廊,造型典雅,庭院开阔,内有假山亭榭。自1924年起,朱启钤“以蠖园为冬居”“闭户读书”。

今日之蠖园

朱氏一生多为高官,然在仕宦之余,颇喜收藏,且多有著述。其所藏古籍即有数千种,取室名“存素堂”。茅乃文为朱氏编有《存素堂书目》,按其书目中,收藏以水利河渠之书较为完备。朱氏与天津著名藏书家、刻书家陶湘共同校印宋代李明仲的《营造法式》,自此,倡导并致力于中国古建筑研究,后又校勘和重印了《园冶》《髹饰录》《一家言·居室器玩部》等旧籍。著有《蠖园文存》《存素堂丝绣录》《女红传征略》《丝绣笔记》《芋香录诗》《清内府刻丝书画考》《清内府刺绣书画考》《漆书》等。

朱启钤对古代丝绣织品兴趣浓厚，收藏由宋代到清代的丝绣珍品二百余种。由于时局的变化，这批中国的宝物曾遭遇变故，险些落入日本人手中。据称，朱启钤退居天津时，为创办中国营造学社，影印宋版《营造法式》和编印岐阳王世家文物图册，需款急迫，忍痛将收藏的全部丝绣珍品折价二十万元，售给张学良。张学良将这批文物存放在东北边业银行保险库内。“九一八”事变后，伪满洲国成立，将这批丝绣定为“国宝”，编定图录，在日本精印为《纂组英华》一巨册，成为闻名于世界的艺术名作。抗战胜利后，朱启钤亲自到北平团城清查文物损失委员会办公处，找到助理代表王世襄，请设法查寻抢救存在长春的二百件丝绣珍品。最终这批丝绣珍藏空运抵北平，收归国家收藏。现仍珍藏在北京故宫博物院。

朱启钤深爱中国古建筑。20 世纪 30 年代，他在北平购置一座旧宅院，占地约 3000 平方米，以一条贯穿南北的走廊为中轴线，将整个宅院分成东西两部分，据说这座宅院是一所未完成的建筑，后由朱启钤自己重新设计并督造，成为四进院落。西部一进院有六间倒座南房和一座两卷“垂花门”；二进院、三进院、四进院北房三间、西厢房三间，在北房西侧建有两间耳房。东部一进院有南房四间、正房三间，在正房西侧建有两间耳房；二进院有北房、南房、东厢房各三间；三进院有北房五间、东厢房三间；四进院为宅第园林。据朱启钤之子朱海北回忆，院内的彩画及建筑上的做法，完全按《营造法式》进行，所用木工、彩画工都是为故宫施工的老工匠。可以说这座宅院的建设倾注了朱启钤大量心血。该院建成后，前半部为“中国营造学社”，后半部是朱启钤及其眷属的住宅。北平沦陷时期，日本侵略者强行购买此宅，抗战胜利后发还。1953 年，朱启钤搬到东四八条 111 号居住。

朱启钤与天津有不解之缘。他的孙子朱文榘原是全国工商业联合会副主席、天津市人大常委会副主任,一直生活、工作在天津。其爱人徐绪玲是徐世昌十弟、天津著名收藏家徐世章的女儿。张作霖次子、张学良胞弟张学铭是朱启钤女婿。朱湄筠是朱启钤五女儿,亦称朱五小姐,张学铭妻子朱洛筠的姐姐,嫁予张学良秘书朱光沐,为马俊武《哀沈阳》一诗中的"朱五"。他们和朱启钤的不少亲朋好友都曾生活在天津。

蠖园仍保留着当年的面貌,现址河西区马场道 164 号,已列为天津市尚未公布为文物保护单位的不可移动文物。

陶园宽敞足徘徊

近代天津学者冯文洵先生《丙寅天津竹枝词》有《陶园》诗云:“午夜丁东漏箭催,陶园宽敞足徘徊。自看计时归还早,又到神仙世界来。”且有小注称:“陶园在特别一区。神仙世界在日租界,即神仙馆,旧址今夏始改游艺园。‘计时’,日本语钟表之统称。”

陶园虽称为园,但与荣园不同,荣园是私家园林、文化园林,陶园则属于游艺场的性质。天津的游艺场,民国初年颇称鼎盛,计有大罗天、楼外楼、张园、陶园、河北公园、颐园、神仙世界等。20 世纪 20 年代末,唯陶园游艺场最为兴旺。

陶园位于马厂道(今马场道)旧英租界与德租界交界处,始建于 1917 年前后。出版于民国十九年(1930)的《天津志略》第十九编第四章《游艺场》里载:“陶园,特别一区。”成书于 1932 年的《今雨谈屑》说:“天津之有夜花园,以新旅社之屋顶花园为滥觞,而张园、陶园、大罗天、神仙世界接踵而起,今惟陶园硕果仅存。”

陶园最早为何人所建?有人认为其最初创办人是近代著名藏书家、刻书家陶湘。如张澜生先生在《租界往事琐记》中说:“陶园——现马场道新华中学原址，交通银行天津分行经理陶兰泉的私产空地。”又说:“陶园别出心裁,每天午夜燃放一次武清县王庆坨镇制造的盒子灯烟火，用成套烟火重现火烧望海楼等历史故事,颇具号召力。”

陶湘(1871—1940),江苏武进人。字兰泉,号涉园。清末以县学生保送鸿胪寺序班,后累擢至道员。光绪二十八年(1902年)经铁路大臣盛宣怀、直隶总督袁世凯保荐,任京汉路养路处机器厂总办、上海三新纱厂总办。民国十年(1921)应聘故宫博物院专门委员。晚年居上海。

陶湘30岁前即开始收书，几十年得书30万卷。与罗振玉、徐世昌、刘承干等人,都是辛亥革命以后刊印古籍最多的藏书家。他不专重宋元古本,而以明本及清初精刊为搜求之目标,尤嗜毛氏汲古阁刊本,闵氏、凌氏套印本,武英殿刻本及开花纸本。凡开花纸所印,不问何类一概收之,一时有“陶开花”之称。讲究书籍形式及外表装潢,每得书,遇残本则整修之,遇珍本则函以红木匣。数十年共得明版1000部,毛刻540种,并据以编成《明毛氏汲古阁刻书目录》一卷。至1931年,得闵氏套印本110部137种,中有五色套印《文心雕龙》及《墨苑》等。因藏宋版《百川学海》,又名藏书处为“百川书屋”“涉园”“百嘉室”“喜咏轩”等处,因讲求版本精良,装潢美观,经其整修的古书被称为“陶装”。晚年藏书渐散。书贾“文友堂”得百余种,殿本及开花纸本售于北京文来、直隶两书店,毛氏刻本和闵刻本售于荣厚,现多归于辽宁省图书馆藏,丛书574种共计27000册为日本东方文化学院京都研究所购去，现在仅日本人文科学研究所图书馆所藏涉园图书达到了27900余册。中有宋刊《百川学海》、明钞《儒学警语》等珍秘之籍。最后一批明版80

余种，先在盐业银行作押款，后归南京中央图书馆。闵、凌刻本后归荣禄。方志部分售与中山大学图书馆。

陶湘编辑和刊刻目录之书有《武进涉园陶氏鉴藏明版书目》《涉园所藏宋版书影》《故宫殿本书库现存目》《清代殿版书始末记》《毛氏汲古阁刻书目录》《明吴兴闵版书目》《明内府经厂书口》《涉园明本书志》等；考订有《清代殿本书目》《武英殿聚珍板书目》《武英殿袖珍板书目》《涉园收集影印金石图籍字画墨迹丛书拾遗》等多种。

关于陶园的兴建，还有人说为教会所为。也有人说陶园为一个叫张石川的人所开创，后数易其主。据说张石川去上海经营影剧事业，获得成功，其明星公司成为海上影业之巨擘，资格尤称最老。而陶园亦曾一度改营电影，之后又发展为大型综合游乐场。民国十五年(1926)刊行的《天津快览》描述了当年陶园的景象。园内花卉茂盛，曲径通幽，景色秀丽。每当夏秋之际，每日午后一时起至午夜二时，园内除有花卉供人观览外，还演出大鼓书、口技、电影、文明戏、文武戏法等。有时燃放焰火，非常热闹。场中还备有茶点及欧式、日式菜肴。陶园虽好，票价甚高，非是一

张石川(1890—1953)为中国电影开拓者

般人所能光顾。

民国十九年(1930)夏,《益世报》记者亲临陶园游艺场,对这里的环境和设施做了报道。文章称,陶园处津市东南郊野,厥地为特一区辖界,即前之德国租借地,行程自英国桥至法国花园经英界达文波路马场道,计程约十里而强,汽车绝道疾驶,犹须半小时许方达,可见其程途非近也。马路行至绝端,转入土道,盖已到乡村区域,前行不远,循坊左转,穿一短堤即达陶园门首,堤临水次,时已入夜,不辨水源何许,约略观之,殆一小池,或南墙子河之支汇耶,抑地势洼下,近以淫雨积潦,遂形成之储水坑耶。

记者讲述了他 8 月 5 日晚上游于陶园之亲见亲闻:入场购票,票价平时每人三角,是夜闻有加放烟火盒子,特行加价一角。入场之甬道右侧骈列商贩,一行栉比,约有二十余起,当途叫卖。入门内,道左有一小台,台以苇席搭成,台上遍罩敦庆隆广告布,台上台下,已空无一人,殆此场游艺,散时已久,或近日质然未演耳。沿甬路直入,道周复有售吃食点心、蒸食饺子者。更前行,乃达戏场,苇席搭成高棚一座,台上正演《牧虎关》,座客不满百人,犹复嘈杂喧闹。戏毕,复有新式焰火。甬道左旁,砖墙之内,有一院落,亦设一台,台下观客甚多,台上表演杂耍,略如燕乐升平。谢瑞芝等对口相声,在台上指手画脚,说绕口令也。闻人言此下有新戏一场,戏罢则放焰火。所谓新戏,即有锣鼓,带全堂场面,演员则穿着时装……当此夏令,熏风如拂。

当年,民国小说家刘云若写过一首题为《陶园书所见》的诗,并加小注,连描绘带讽刺,记下陶园的景象:

此处专收夜不收(夜不收,天津俗语,谓终夜浪游,若无家可归之人也),游人宁止作清游(游客虽云来为乘凉,形如幽人之幽,而心似醉翁之醉),贴肤薄泅臀难掩(女子臀肥衣瘦,行路时于柳腰款摆中,将其臀部构造,完全表现无遗),齐膝新妆腿善涸(妓女学时妆,矫枉过正,长袍仅至膝上,腿上只着长袜,远望若揭水而来)。小妇裙边鸡弄眼(缠足少妇,行步蹒跚,听其对女伴言,则足下鸡眼疼也),美人肩上狗生头(时髦女人二,各于肩上掮一“羊皮狗”,狗头人面,对映甚美)。妙哉结伴成公式,一女双男嬲不休。(最妙者,园游伴侣,多为两男一女,而行坐时,必将女子夹于中间,队队如此,似乎已成公式。)

据称,陶园游艺场曾一度停业,20世纪30年代再度开放,20世纪40年代在这里建成一座学校。《大公报》上有一则报道称:“特一区陶园,每届夏令,由商人租赁开设游艺场,向为津人消夏之所。往年因经办人办理不善,时常发生纠葛。今年因系公益事业开放后,由特一区公署派员监督街村公所办理。除得拨充市立医院及该区小学校经费外,内部办事人员纯尽义务,该区所派人员逐日轮班前往监理,均极认真。陈主任曾于开幕之夕,购票入场,亲往调查所有该所人员,改无免票,非购票不得入场。园内一切收支,并饬开具单据,所谓涓滴归公,款不虚糜。其各场游艺大致与劝业场屋顶花园相同,唯戏剧限制每晚十二时停止锣鼓,以保持公众安宁。”

另据民国三十二年(1943)五月李仲武撰写的《圣功校史略》:“三十年辛巳夏,于马厂道陶园建筑校舍,及冬竣工,学生迁其中,讲室崇闳,光线充足,院中广阔,空气澄鲜,诚修学适宜地也。”从这些记述中可以看出，大概是由于经营不善或经费不足等原因，陶园时而关闭时而开放，后来可能实在难以为继，故而将地面转让给了圣功学校。校方于1941年夏天在此地兴建校舍，到冬天竣工，其中学部由英租界44号（今河北路黄家花园附近）迁到陶园，改名“圣功女子中学”。小学部迁回法租界26号校址（后沿革为和平区劝业场小学），从此中小学分家。

自此，作为游艺场的陶园已经消失，但却留下个地名——“桃园村”。“桃园村”是因“陶园”而取名。20世纪初，天主教会在今信德里一带建砖瓦平房，租赁获利，商铺摊贩随之而增多，后又建起西湖饭店，使得这里日益繁华。再后来又相继建成传德楼、老武官胡同、福生里等高级砖瓦平房、西式和日式二层楼房。因这儿附近是陶园游艺场，彼时一区平连堂公所王连弟便依“陶园”之音命村名为“桃园村”。20世纪末，人们走在这里，仍能见到众多欧陆风情的旧建筑。

在陶园基础上建起的圣功女中则一直扎根于此，且校舍建筑逐步扩大。1952年该校改为市立中学，定名“天津师范学院附属女子中学”（简称“师院女附中”）。1958年改名为“天津师范大学第一附属中学”（简称 “师大一附中”）。1959年改为“天津师范大学附属中学校（简称“师大附中”）。1960年改为“河北大学附属中学校”（简称“河大附中”）。1973年河大附中更名为天津市新华中学。在新华中学校园内一直保留昔日的“圣功楼”，见证着“圣功”的历史。

少帅别墅今何在

张学良别墅坐落在贺家口引河南岸，原天津市六区吴家窑大街20号,为砖木结构西式建筑。据《河西区房地产志》介绍,别墅最初有两幢:一幢有14间房,一幢有4间房,外有杂房3间,建筑面积165.76平方米。张学良的这处房产(连同周边一小片地)可能购自徐世章,据说介绍人是张文孚(即张叔诚)。院内原来有花园和金鱼池,屋子内部除居室、客厅和厨房外,还设有舞厅,生活设施十分齐全。然而《地产志》则说,这两座别墅在20世纪80年代“修中环线时拆除”。

提起张学良,人们再熟悉不过了,此人生于1901年,东北讲武学堂毕业,历任旅、师、军长,军团司令、东北保安司令、东北边防司令长官、全国陆海空军副总司令、北平绥靖主任、军事委员会北平分会委员长、西北“剿匪”总司令等职。1936年张学良与西北军杨虎城发动了震惊中外的“西安事变”,扣押蒋介石,逼蒋抗日,奠定了第二次国共合作、全民抗战基础。

从1924年到1931年,张学良在天津居住了七年。在此期间，他遇到了对他影响非常深远的三位人物。第一位是孙中山,孙先生称张学良为负有重大使命的青年将军,并为其题字

“天下为公”。第二位是南开大学第一任校长张伯苓,其“中国不亡有我”的演讲极大地鼓舞了他的爱国热情。第三是陪伴了他一生的红颜知己赵四小姐,他们唯一的儿子便出生在天津。

关于贺家口引河畔张学良别墅，文史学者王振良先生在《鲜为人知的张学良别墅》一文中说:“《河西区房地产志》的记载,为我们提供了张学良别墅的宝贵资料,但略有出入的是,所谓‘修中环线时拆除’的两幢平房,其实还有一座幸存下来,这就是今天的吴家窑大街 76 号——天宁宠物医院。”他说:“修中环线时拆除的一幢,当时门牌为吴家窑大街 36 号。”

2006 年 5 月,王振良先生对幸存的吴家窑大街 76 号(原 34 号)进行了实地考察。他发现该建筑的正立面和内部结构,因多次装修变化较大,但从建筑的转角和房山的装饰上,还可看出这所西式平房当年的风采。平房左近还有数株百年老树,如今仍郁郁葱葱,两幢并不豪华的平房,饱经历史风雨能有一幢保留至今,也算是不幸中的万幸了。

关于张学良曾在这处别墅居住，除了居民口碑外也并不是毫无线索可寻：熟悉奉系人物及其后裔情况的卢鹤纹先生

张学良别墅旧址(吴家窑大街 76 号)

(其父卢景贵曾在东北交通委员会任职，是张作霖之盟弟，张学良称其为“四叔”)，就向王振良先生多次谈起过，张学良20世纪20年代常居天津时，曾住在佟楼附近的一处神秘所在，除了贴身警卫人员外，其他很少有人知道。根据居民说法，张学良别墅之位置，其实是张家买的一块墓地。与别墅隔吴家窑大街相对的今森淼公寓、佛山里一带，当时都是坟场，与居民的口碑正好相互吻合。当然，张家的这处墓地从来也没有使用过。

张学良在天津的数年中大都住在今赤峰道78号。人称“少帅府”的张学良故居有前后两幢砖木结构楼房，前楼建于1921年，为三层带地下室；后楼为二层，建于1926年。两幢共有楼房42间，建筑面积1270.4平方米。张学良故居建筑总面积1401.65平方米，总占地面积1.495亩，为西洋集仿式建筑，造型豪华、美观、大方。前楼正面二三层设有屋顶平台；室内宽大考究，内部楼梯、地板、门窗等均采用菲律宾木料；卫生设备具全，院内广植草坪。1924年，张学良率部进驻天津，并将司令部长期设在津城。1925年张学良将此楼买下，作为张家在津的一处住所，张学良的书房，于凤至、赵四小姐的卧室都设在前楼二层。此后，他每次入关来往于京津地区时就住在这里。因为有了这个家，张学良才在津城演绎出一段段的传奇故事。但像张学良这样的人其居津时为躲避喧嚣，偶尔到别墅住一住，来这里避居，也是合乎情理的。据说他在这别墅小住时，还曾到不远处的蔡家花园去跳舞。

梁家花园高大上

观 1936 年绘制的《最新天津全图》,在贺家口引河的南面吴家窑附近有一大片园林赫然在目。有人说:“民国时期,清末海关道蔡述堂的蔡家花园，光绪至民国初怡和洋行买办梁惠吾、陈祝龄修建的花园、墓地都在吴家窑那边。”

梁惠吾何许人也？若提到他的父亲梁炎卿大概很多老天津人都能知道一二。此人是清末民初英商怡和洋行天津分公司买办、英商高林洋行买办。与泰来洋行的王铭槐、太古洋行

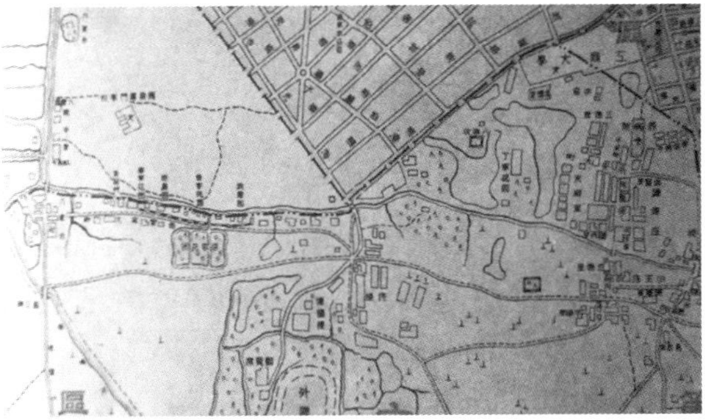

1936 年版《最新天津全图》在吴家窑大街的东端标有梁家花园,水渠环绕,颇具规模

的郑翼之和汇丰银行的吴调卿，合称为清末天津四大买办。拥有财产约2000万元，高踞天津所有买办之首，堪称“广帮首富”。

梁炎卿生于1852年，卒于1938年，名国照，又字彦青。广东佛山人。其父梁伯田，早年远赴南洋经商，后回乡购置田产。梁炎卿18岁时，就读香港皇仁书院。1872年，随唐景星入怡和洋行上海分行做练习生。1874年，调天津怡和洋行，升任大写。1880年，任副买办。1890年，升任正买办。

20世纪初，怡和洋行是英国在华最大的贸易商，被称为洋行之王。1832年，英商渣颠、马地臣和一位法国商人在广州创办怡和洋行。20世纪初，迁至香港的怡和洋行注册资本1002万元，先后在中国各主要通商口岸建立分行，业务遍及贸易、航运、仓储、工业、金融、保险等各种行业。1864年，怡和发起创办了汇丰银行，还曾代理过数十家欧美贸易企业的在华业务。凭借着自身实力，以及与李鸿章等清末洋务派的关系，怡和洋行较早地进驻天津，逐步成为天津当时最具影响的大洋行。在天津英租界工部局的董事会中，怡和天津分行的经理是必不可少的人选。

在天津最早开设的洋行里，华人买办和职员多为广东人。这些来自香山、南海、番禺一带的广东人互相引荐、攀缘、提携、帮衬，成为洋行进入中国后最大的一批买办群体。华人买办一般通称为华经理或华人大班。怡和洋行在天津最早的华人大班为广东人唐茂枝，继任者唐杰枝、蔡子英、梁炎卿都是广东人。第一次世界大战时期，怡和洋行在华北收买了很多猪鬃、羊毛、棉花、大豆，囤积起来，待到欧洲各国因战事致使物资缺少，梁炎卿开始出手这批货物，从中赚取了巨额赢利。

与其他大班不一样，梁炎卿终身没做过一件自个的生意，但是有很多的股市、地产出资。他认为“力不到不为财”，出资应当限于自个的耳目所及，自个看不到的、不了解的不能出资，更不能托付旁人。他采购的股市主要汇集在他了解的英国公司，如大沽驳船公司、利顺德饭馆等。英租界大开发前期，1901年，梁炎卿与兴办北洋大学的美国人丁家立、后来担任美国总统的胡佛、美国驻华代理驻沪总领事田夏礼、做过天津海关道的蔡述堂等人一起出资，建议成立了“英商先农房地产公司”。这是天津历史上第一家真正意义上的房地产公司。

梁炎卿在英租界和华界广为购置土地，建筑供出租使用的里弄住房。计有广东道（今唐山道）的安定里，达文波道（今建设路）福安里，宝士徒道（今保定道）的宝华里，以及与他人合建的耀华里。当他得知京张铁路开工后，便抢先在张家口车站附近购置了大量的土地，待铁路修通前后，在那里兴建大批出租住房，获得长期而又稳定的收益。

梁炎卿参加集资的天津广东会馆

梁家的节俭在天津是出了名的。梁炎卿年少时就一个人离家，在外念书、做事，养成了节省的习惯，终身过着清简的日子。他的信条是“发财要从小处俭省”。他厌恶奢华，不嗜烟酒，不备车马。他家的房子都是用天津老城墙拆下的旧砖修建的。张学良与梁炎卿多所交往，常去梁家做客，后来张学良亲口描述：“梁家不点电灯，而是点油灯。他家没有轿车。”但梁对子女教育却很舍得花本钱，梁炎卿先后娶有妻妾四位，育有儿女 15 个。他把子女们全部送入外国人开办的教会学校读书，接受当时最好的教育。其子女们的日常生活也都十分欧化。20 世纪初梁炎卿与时任天津海关道的唐绍仪等广东籍政商界名流发起，在天津老城修建了一座广东会馆，他个人出资最多，捐银 6000 两。

用老城砖建的梁炎卿旧宅

梁家在英租界广东道（今唐山道与新华路交口医药公司大楼处）建有一座大宅。庭院内辟有一块网球场供子女家人健身。梁家子女曾出过几位网球高手，如人称梁九、梁十小姐的梁佩瑜、梁佩琼姐妹经常参加国内外的网球比赛。20 世纪二三十年代，张学良、顾维钧、叶公超等一般达官贵人和富商子弟，经常到梁家切磋球艺。1915年，63岁的梁炎卿退出怡和洋行，居家养老。他的长子梁赉奎、梁联先后进入怡和洋行，成为梁家第二代华人大班。至1945年，梁氏父子三人前后为怡和洋行效力长达82年。1931年梁炎卿之子梁惠吾在唐山道附近被绑架致死，轰动津门。

从20世纪30年代的天津全图上看，梁家花园在吴家窑大街的东头，其北与管家花园相对，花园的范围很大，其面积超过当时贺家口引河边上所有的私家花园，花园为长方形，四面水渠环绕，中间另有两道水渠，与园四周的水渠相通，四周的水渠又与贺家口引河的活水贯通，园内遍植花草树木。这样的园林没有相当的财力是难以修建的。或许也只有像梁炎卿以两千万银圆资产居天津买办之首的"买办之王"才能拥有它。他的财产超过了寓居天津的绝大多数军阀政客、遗老遗少，堪称全城首富。梁炎卿87岁逝世时，持有的股市证券出资高达500万银圆。20世纪30年代一块银圆可请两客西餐，或买10张戏票，最少相当于现在的人民币200元。粗算起来，他仅在股市证券方面的财物相就当于10亿元人民币，而这仅仅是他财物的四分之一。有人说："出生于广东一般布衣家庭的梁炎卿，能发展到坐拥几十亿财物的巨富，可以说是典型的人生逆袭。"

蔡家花园蔡绍基

20世纪二三十年代,天津有两座蔡家花园。一座坐落在今河北区日纬路84号,四马路与五马路之间,占地30亩,内有多栋豪华房舍和中式花园,其主人是北洋政府陆军总长蔡成勋。另一座坐落在贺家口引河靠近佟楼的地方,其主人是蔡绍基。此人乃广东香山县北岭村人,生于1859年,一生扮演的角色主要是留美幼童、北洋大学校长和政治家。据称,张学良在津时常去这蔡家花园跳舞。

1872年中国发生了许多大事:《俄阿条约》签订、轮船招商局设立、继昌隆缫丝厂开设。其中最引人瞩目的莫过于第一批留学生赴美学习。作为第一批留学生,只有14岁的蔡绍基,怀揣着紧张不安、好奇又激动的心情,入读美国哈特福德小学。蔡绍基没有忘记祖国的危难处境,牢记赴美留学的初衷。唯有学习美国先进的思想、技术,才能使祖国繁荣昌盛。1881年蔡绍基以优异的成绩进入耶鲁大学专攻法律。同年9月6日,由于中西文化的冲突,清政府下令将留美幼童全部召回。蔡绍基奉召回国,被派往上海海关当翻译。1895年10月,在津海关道盛宣怀和直隶总督、北洋大臣王文韶的推动下,中国第一所大学天津北洋西学堂成立。蔡绍基出任二等学堂总办。1900年,八国联军入侵津京,北洋校舍被侵略者占领,被迫停办。家国危难之际,蔡绍基挺身而出,肩负起再创北洋大学的使命。他以直隶总督府洋务官的身份与占领军反复交涉,积极争取复校,但侵略者拒不归还。最后,他决定在天津西沽武库废墟上重建北洋校舍。1903年4月27日,北洋大学正式复课。1908年至1910年,他在兼任北洋大学校长期间,兢兢业业,严谨治学,为学校的复兴打下了坚实的基础。

留美幼童

在蔡绍基的政治生涯中,与袁世凯渊源颇深。一方面,蔡绍基任职和施展才干的舞台,基本都在天津,而袁世凯的政治大本营就在天津。另一方面,在袁世凯的保荐下,蔡绍基先后担任牛庄海关道台、天津海关道台、直隶总督府北洋洋务总办等职。其间,他曾代表清政府,在辽东、辽南等地与日本谈判,商讨日俄战争后辽东半岛的归还事宜。然而,辛亥革命后,蔡绍基与袁世凯的关系急转直下。蔡绍基官职显赫,又是稀有的留美幼童,在天津有一定威望。1915年,袁世凯企图复辟帝制,欲借助蔡绍基在天津的威望,力邀他出山为其做事,就职工业大臣,以此巩固自己的势力。蔡绍基义正词严地拒绝。他阻止不了袁世凯称帝的野心,与其决裂。从此辞去公职,不问政治,在天津过起隐居生活。晚年蔡绍基居住在天津的小白楼,是天津名流人物经常光顾的地方。1933年,蔡绍基在天津去世,英租界下半旗志哀。

蔡绍基之子蔡国蘅回忆:我在天津的故居出生,父亲去世那年,我正好10岁,还在耀华小学念书。小时候,父亲给我的印象很威严。每天念书回来,到父亲的书房请安,看到他我有点怕,由衷地尊敬他。在天津,父亲还曾经营"大罗天"戏馆和熙来饭店。梅兰芳、孟小冬等名角都曾在"大罗天"登台。有一年卓别林还应父亲之邀,到过家里,听说还有道格拉斯·范朋克等人。早些年,家里还保留有卓别林到访时与父亲的合影。我没有见过祖父母,小时候在天津,在祖先堂拜祭时见过相片。

蔡绍基

澂碧园内陈祝龄

陈祝龄

澂碧园(有人写作“澂碧园”或“微碧园”,有误)为大买办陈祝龄的私家花园，在贺家口引河南岸，从1936年《最新天津全图》上看当在佟楼之西,临吴家窑大街。

陈祝龄(1870—1929),广东高要人。早年毕业于天津中西学堂。1880年随姐夫北上天津,1909年被委任为天津怡和洋行出口部买办。陈祝龄曾参股兴建了耀华里,并自己出资建造了大量房产,后组建义德洋行。在天津期间,还为广东同乡会筹建“广东中学”,陈祝龄为校董会董事,并捐建礼堂一座。南开大学扩建之始,陈祝龄亦多资助。举凡在津慈善事业,教育事业捐献,无不慷慨支持。

陈祝龄在居津广东商人当中,是非常具有号召力的“精英人物”。据高要文史资料记载,孙中山先生在广州设大元帅府期间,广东省发生大水灾(1915年),广东商人在天津募捐,陈祝龄捐赠银圆五万元，作为广东大水灾赈济专用款，深得孙中山嘉许，亲笔书赠“乐善好施”四个大字，以宣纸精装苏裱横额条幅，横五尺左右，宽二尺多。该条幅被陈祝龄保存在高要家乡，每年春节必悬挂于祖祠，让乡人鉴赏。高要县中学校长吴功补（清拔贡）为筹建校舍，专程到津募捐，陈慨然承诺捐建学生宿舍一座，使远道学生得以寄宿就读。为了纪念他，特把该宿舍命名曰“祝龄宿舍”。

20 世纪初的天津，每当人们提起英商怡和洋行买办的时候，通常提及的是“梁陈二人”。梁，指的是大买办梁炎卿；陈，则说的是他一辈子的好搭档陈祝龄。梁炎卿和陈祝龄在洋行生意场上的多年合作以及他们个人关系的密切，使当时的人们将他们几乎视为一体。然而，梁炎卿很少参加社交活动，处世为人以吝啬闻名，所以租界的社交界对他了解甚少。而陈祝龄却不同，在同乡和亲友中，陈以敦厚慷慨而闻名。他的社会交往广泛，在商界颇有名声，甚至压倒了梁炎卿。

今保定道 4 号是陈祝龄旧居。混合结构三层楼房，局部二

保定道 4 号的陈祝龄旧宅

层，红瓦坡屋顶，外檐为清水红砖墙，门窗洞口为拱券形式，同时设置精美的花饰、窗门套。建筑平面呈“L”形，造型美观典雅，体量错落有致，虚实对比强烈，并有较为宽敞的院落。具有折中主义建筑特征。被列为第四批天津市级文物保护单位。

作为陈祝龄的花园别墅，澂碧园造景华丽，西式风格，与中国传统造园不同。园门朝南，园后（北）部临贺家口引河之河畔，建有一座西式风格水榭，规模虽小，但很雅致。严修、陈诵洛等城南诗社社友、学人曾误入陈氏花园，《今雨谈屑》记其所见，可知该园的环境、位置和主人的热情好客。书中说：“日前，应管洛声（管凤和）约，赴其吴家窑村观稼园（即新农园）为赏荷之会，驱车径往，适与范孙丈邂逅。园前花木蔚然，携手共入。有粤人陈姓出，询姓名，导游各处，烹茶享客，极可亲，唯私讶洛声何久未出。”他们便问陈姓者，陈指着隔壁的园林说“他已经来了，那边就是他”。这时他们才知道原来这里是“陈姓别墅而非观稼园”，观稼园在其西，乃“道歉兴辞，重诣管所”。书中还说，他们“在陈处流连许时，倚槛高吟，踞石小坐，主者非惟不禁，尤备至殷勤；而籧盦与赵荫人就室赌棋且终二局矣”。

1929 年 11 月初的一个早晨，陈在园中游览时被匪绑票，《北洋画报》记者在 11 月 7 日及时进行报道，并配图文说：“目前被绑之旅津粤商怡和买办陈祝龄，在马场道转角中国地上，置有澂碧园别墅一所，园中结构甚华丽，不免于俗，惟园后临溪处，有水榭一座，规模虽小，尚觉雅致。陈每晨莅园，故被绑。记者于陈被绑后之第三日，游于管园。驶车过其门外，见有警丁二人，荷枪保护。其后乘舟赴罗园，经陈氏水榭之下，为留影如右。”这是迄今有关澂碧园景色唯一的照片和较为具体的文字介绍。

罗园花好且频来

金秋时节，百花凋零，唯有菊花合着时令姗姗而至。中国文人将菊花视作品行高洁的象征，金秋相约赏菊，早已成为一种传统。20世纪二三十年代的天津有许多艺菊名园，如新农园、王园、玉芳园、穆园等。其中最有代表性的，就是罗开榜的罗园。

罗园在贺家口引河的南岸，距新农园不远处。关于罗园的修建，1928年11月24日，《北洋画报》菊花专页刊出一篇题为《罗园主人种菊谭》的文章中说：罗开榜先前在日租界居住，因为房子太小，故于八里台附近购地十余亩，除建房居住外，另用于种菊，每年的九、十月间，菊花盛开之时供游人观赏，“往游者无论识与不识，必殷勤款接，几不似仕宦人也”。也有人说：罗开榜曾任北洋政府陆军部次长，1926年退休后到天津定居。他酷爱菊花，任陆军部次长时就在北平寓所开辟了菊园，并不惜重金广收新种。到天津后，他买了十余亩地号为“罗园”，种菊数千株，一时成为津门艺菊翘楚。该园坐落于曲水环抱之中，在佟楼之西，依水为门，需觅桥或乘舟渡河而至。园门前长柳拂波，极有画意，菊类最多，每年可达两千余种。

关于罗开榜，据有关资料载，此人字仲芳，谱名法榜，安徽省合肥县人，生于1872年，1933年病故于天津。1889年，他和同乡表弟不避艰险，徒步2000余里至山东刘公岛，参加了北洋海军，次年又一同考入了威海水师学堂。经过五年时间的刻苦学习，于1895年底毕业。毕业考试成绩，罗与其表弟分列全班36名同学中第一位和第二位。后又一起被保荐到天津水师学堂深造，因成绩出众，受到校长萨镇冰的赏识。自1898年，罗开榜先后任海军提督衙门军需官、军需长。1912年民国政府成立后，罗调任陆军部军需司司长。1916年6月袁世凯死后，罗因与段祺瑞有同乡之谊，遂加盟于皖系。1919年11月出任陆军部次长。被授陆军中将衔。1920年5月，国务总理兼陆军总长靳云鹏不满徐树铮等人的掣肘，愤而辞职。总统徐世昌令海军总长萨镇冰代理总理，罗开榜代理陆军总长。后因段祺瑞受到张作霖和冯玉祥等人的制约，于1926年4月再度被迫下野，前往天津。罗开榜等也随之到天津隐居，从此结束了政治生涯。

罗开榜

《北洋画报》1928年11月24日有记者撰《天津罗园自艺名菊之大观》一文曰：陆军次长退居津门之罗开榜氏，性癖种菊，佳种极多，余等数过其间，颇资眼福。罗氏每自述种菊经过，足见凡事获之佳果者，非一朝一夕之功也。从记者之所言可见罗开榜性喜艺菊，亦道出津人对菊花的喜爱。

天津最迟在清朝初年已兴起养菊、赏菊之风。康熙年间，天津兵备道朱士杰在距老城五里的南运河北侧的河堤上建“宜亭”，园的四周环植杨柳，园内培育的菊花远近闻名。每到农历九月，津城百姓纷纷来此赏菊。诗人张坦曾作《宜亭赏菊》，以“寻菊到宜亭，空郊眼倍青”的诗句，抒写他赏菊酌酒、远离尘世的心境。宜亭一带土质好，津西的北辛庄、大觉庵、侯庄子、杨庄子、小卞庄、大卞庄、小园、大园等村庄的菊花格外漂亮，成为津人购买菊花和赏菊品菊的首选之地。

天津人不仅精心培养中国菊，还引进过洋菊品种。乾隆时期汪沆《津门杂事诗》：“洋菊风前万蕊攒，鹅翎鹤氅大于盘。登高若续花糕妻，不摘东篱白牡丹。”作者在小注中言：“津门近植洋菊数十种，花朵浓艳，迥逾凡品，移根不变。鹅翎、鹤氅皆洋菊名。”从《天津卫志》《天津县志》上看，清代天津已有“娃娃面”“白牡丹”“太师黄”“僧鞋菊”等不同的菊花品种。纪晓岚在其《阅微草堂笔记·如是我闻》中记有一则有关天津奇菊之轶闻：“余八九岁时，见外祖家介祉堂中有菊四盎，开花皆正方，瓣瓣整齐如裁剪。云得之天津查氏，名黄金印。”书中所言“天津查氏”即水西庄查家。民国前期，津城善艺菊者甚多，每年秋辄相约展花，处处不同，家家各异。

罗开榜爱菊、种菊，艺菊水平，在津城后来居上。先是罗在日本，搜罗名种，逐渐试种。一般人种菊，用“扦插”之法，也就是插栽上年的母本生出的嫩枝。罗开榜则用“晒子”之法，通过授粉使菊花结子，来年重新播种。这种方法虽耗时费力，却容易因变种而出现前所未有的佳品。罗开榜每年种菊三四千株，新品迭出，到1928年，这样的新品已积累至700余种，能列入上品的有50余种。他在选择菊花品种时,不注重植株高大,以花的形色新异、株叶匀净为重。所以,他的菊花多有雅逸之品,很受文人雅士的喜爱。《北洋画报》1929年11月16日报道说:罗园(园主罗仲芳)艺菊,为津门冠,其花多独本,亭亭玉立,自发孤芳,而各有风姿,别饶意态,如髫龄女郎,玲珑娇小,有雏莺幺凤之观。

罗开榜虽爱菊,但并非秘不示人,而是乐于与人分享。每年阴历九月至十月间,他都会选择五六百盆佳品置于玻璃房中,任人观赏。1928年11月的一天,袁世凯次子袁克文、小说家刘云若、报人王小隐等相携到罗园访菊。王小隐在《北洋画报》上撰文记述了这次访菊,他这样描述罗园的菊花:"屋数楹,自地以达后檐,盆盎累高骈列,霞绮云蔚,皆菊也,度不下七八百种,翠叶金珰,各擅胜致,或以色,或以态,或以韵,或以奇,或以致,澹雅宜人,不觉怳然自失,尘思尽涤。"赏菊之后,他们进行了诗词唱和。袁克文创作了一首《踏莎行》,其中有一句这样写道:"黄花亦自绕篱栽,悠然不见南山耳。"刘云若在其《菊事拾零》一文中说:"访菊之游,诗词文作者已备。无可复书。爰记其琐屑:在罗园影菊时,花房光线稍黯,欲移至房外,则弱以花风高,倘有不虞,阿谁为花偿命,因迁就摄于室内。"或许是因为刘云若的上述经历,故而刘在自己的小说中曾多次提到过"罗园"。

其他文人诗家名流也都曾到过罗园观菊,留下不少观菊咏菊的诗词佳作。

1928年,著名学者、古文字学家唐兰来罗园,颇有兴致地说:"罗园菊花,尽态极妍,主人终岁之勤,仅乃得此。余当数过其间,流连忘返,偶以诧诸小隐(王小隐),小隐欣然,并约诸友同往，武越(《北洋画报》创办人冯武越)且摄景若干而归。园近佟楼，小隐为数丰雪故事，闻所未闻。”游园归后特作《罗园观菊》云：

西山微蕨总堪哀，何不餐英醉一杯。丰雪楼空曾溯旧，罗园花好且频来。谁怜淡泞风前态，天与迟留霜后开。对此悠然外尘世，倘然移足定追陪。

1929年，宣统皇帝溥仪的老师陈宝琛到罗园，作《己巳罗园观菊》云：

柴桑掇露英，满意诩佳色。宁知千载下，灿烂至此极。迟暮造物怜，区别与装饰。虽穷变化巧，未失幽静德。惜无钱画传，谁补范谱摭。是翁习抱甕，忧潦那望泽。捋种逮观成，岁岁有新获。世尘了不关，相忘孰主客。

左次修(1889—1962)出身桐城左氏望族，诗书世家。1929年客居津门。工诗词，能书画，凡关于艺术之事无不能之，尤工铁笔。晚年居济南大明湖畔。1929年12月10日第408期的《北洋画报》上刊有其《满江红·罗园看菊》一阕：

无意看花，蓦匆匆、泛舟来也。正圃外、秋波如练，秋痕如画。五百庄严罗汉本，万千色相须弥大。问主人、不自识花名，珍无价。

如金铸，如绫砑。如云覆，如龙袝。任丹青写照，终输神化。嫩碧胎红初日出，嫣黄孕紫新霜乍。罗将军、煮茗迟游人，东篱下。

麦家花园何人建

麦家花园在贺家口引河南畔，从 1936 年绘制的《最新天津全图》看，该园位于吴窑村东边，新农园的西边。麦家花园为何人所建，从种种迹象看，其主人当是一位叫麦信坚的人。

麦信坚是北洋政府的官员，也是文人学者，还是一位名医，此人学识、书法亦可圈可点，堪称一流。我曾在艺术品拍卖会上见过他的行书对联，所作气度不凡，颇有宋代书法大家黄山谷之风韵。

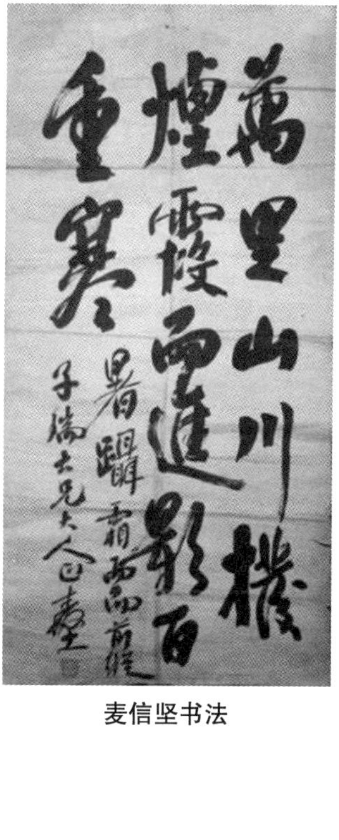

麦信坚书法

麦信坚生于 1863 年，卒于 1947 年，字佐之，广东番禺人。早年就读于香港师范学院及北洋医学堂学习，毕业后，在香港开了一间诊所。清光绪十四年(1888)任北洋医务局医官。后入李鸿章幕，充医官，曾随李游历欧美。光绪二十七年(1901)任出使德国大臣二等参赞。次年回国,供职天津工程局。后为电车、电灯公司董事,保工局坐办,招商局及文报局总办。1914 年至 1916 年任北洋政府交通次长。

据称,钦差大臣李鸿章来粤巡视,患了急病,请遍全城名医都无法治好,经人推荐,李鸿章请麦信坚从香港回穗替他治病,结果治好了。李鸿章大赞麦信坚是神医,后又请麦信坚为他的夫人治一种极难治好的妇科病,结果又治好了。慈禧太后也患了李鸿章大人一样的妇科病。李回京后向慈禧禀奏香港名医麦信坚能治好太后的病。慈禧要李鸿章请麦信坚到北京来为她治病。不久,慈禧的病也被麦信坚治好了。慈禧大喜,要重赏麦信坚。此时,南湾乡(今南基村)的"初泰麦公司"刚好建成,麦信坚请慈禧赏一块上好的名匾,请李鸿章题写"初泰麦公司",结果如愿以偿。

麦信坚在德国任内尽力帮助李鸿章办洋务,李鸿章所需要的机器、军火、武器均由麦信坚在德国购买。麦信坚与德国各界有广泛交往,能购到价钱公道、质量上乘的物资,对洋务运动的发展,起过一定的作用。

光绪二十八年(1902)麦信坚回国,后任天津工程局坐办兼红十字会医院总办,电车电灯公司董事,招商局总办兼电报局总办。麦信坚任招商局总办时,曾为李鸿章创建北洋舰队购置舰只和舰上的军械、武器,与北洋舰的军官有过交往。麦在天津建官邸时,他家的花园命名为"南湾花园"(南湾乡是麦信坚的故乡)。其家乡"麦氏宗祠"的牌匾是他亲笔题的,至今犹存。

1914 年,麦信坚任交通次长。任内,适逢中俄共建中长铁路(长春—莫斯科)以及南满铁路,麦参与其事,亲力亲为。中长铁路的建成对中国与俄罗斯的通商、贸易起了重要作用,麦信坚是有功劳的。此后,因年事已高,麦信坚在天津官邸颐养晚年。1948 年在天津去世,终年 85 岁。

赛马名区远市廛

20世纪30年代的《简明天津指南》里说："赛马场。有华商万国英商三家。英场在马场道。华商在南乡王顶堤。万国在东局子。赛马期多在春秋两季。除正赛外，连合赛一次，加赛若干次。马票有独赢、座位、摇彩、香槟票数种。"这里所称"英商赛马场"就是天津人常常说起的"跑马场"。近代著名实业家、曾两任民国财政总长的周学熙有《马场观荷和伯平韵》诗云："赛马名区远市廛，清游雨霁好风光。闲循柳岸迎朝爽，小憩荷亭觉夏凉。鱼跃鸢飞多活泼，云容天影共徜徉。舞雩归咏今如昔，老兴都忘白日长。"

"跑马场"位于贺家口引河南、佟楼村的西南方，追溯历史，最早它也是一座私家园林。清光绪十二年(1886)，津海关税务司司长德璀琳在这里建造德璀琳花园别墅，名为养心园。其间他凭借与李鸿章的私人关系，以开赛马会名义圈占了与养心园毗邻的约200百亩土地，建立赛马场。后在1900年的义和团运动中被毁。有一位赛马癖的外国人，在海大道(今大沽路)张氏坟地附近，用席子搭了个简陋的赛马场。后又与德璀琳合作，重建位于佟楼西南的跑马场。从1901年开始修建，

1925 年，“具有远东无双的跑道和设备”全部建成，命名为天津英商赛马会，成为远东地区最大的跑马场。跑马场内建有英商乡谊俱乐部，俱乐部中心设在南楼，是一幢两层砖木结构的庭院式建筑，建筑立面呈对称形式，造型稳重，红砖饰面朴素大方。建筑周围树木与草坪疏密有致，园内有法国梧桐、小叶梣、杨树、海棠及雪松、松柏等落叶和常绿树群。

亦有资料记载，1886 年，天津海关税务司、英国籍德国人德璀琳获得直隶总督李鸿章赠予的佟楼附近养牲园土地，建造赛马会和乡谊会，同时天津英租界越界修筑了沟通该租界与赛马场的马场道。1900 年，这个赛马场被义和团焚毁。战后，天津英国赛马会重建游艺部和赛马场。其庭园设计富有英国田园情趣，有网球场、高尔夫球场和供划船的池塘。1925 年，游艺部兴建大楼，由汉口的英商景明洋行设计。这是一座外观简洁的二层红砖建筑，仅檐部及柱头为白色，内部则装饰精美，设有游泳池、台球室、保龄球房、西餐厅、舞厅等。建筑面积 9525 平方米。1941 年 12 月，太平洋战争爆发后，日军接管乡谊俱乐部，改为国际俱乐部。1949 年以后改为天津市干部俱乐部。

乡谊俱乐部

当年的跑马场和乡谊俱乐部，自然而幽静，是典型的租界西方园林，常有名人光临于此。周学熙《马场修禊五首》诗云：

春日寻芳野水滨，青芜绿柳一番新。无端忽起天涯感，不见桃源洞里人。

三月三日天气新，行看戏马逐芳尘。笔床茶灶追年少，肯放衰龄负令辰。

当年逸少尽风流，一序兰亭万古留。毕竟地因人始重，焉知此地不千秋。

崇山峻岭虽无地，云淡风轻别有天。吾辈兴怀原一致，且将觞咏继前贤。

野外春光可散襟，天边风鹤漫惊心。骋怀游目乘时乐，留得风流后视今。

目前，位于今河西区马场道的英国乡谊俱乐部，被列为天津市文物保护单位、天津历史风貌建筑。

四 诗坛筑青溪 赓续雅文化

津河是一条文化之河，当年她那一湾绿水不仅养育了一方土地，也拓展了一方文化，使津沽文脉得以传承。

1912 年的《北宁铁路局沿线风光讲义》中记载：贺家口引河佟楼至八里台一带，“芦苇茂盛、水禽栖息、自然天成、野趣横生”，每逢夏秋，皆有船户载客沿河至青龙潭附近游弋赏景。于是这里便成为城南诗社、须社等诗词团体的吟咏酬唱之首选，诗坛、词坛纷纷落地于此，一时间这里便成了天津高雅文化的圣地。

一湾绿水绕荣园

荣园位于贺家口引河以北，早期的荣园，其河渠和湖泊是与贺家口引河相通的，它仿照西湖园林设计造园，树木葱郁，丘壑幽秀，曲水回环，颇绕意趣。整个园区分为阴阳两极，东面是陆地，西面是水域，水域之中有一条堤，水中的两个亭子是“水八卦”的“卦心”。园内一年四季不枯水，春、夏、秋三季的植被因水丰而保存绿色的生机。冬季下雪之时，雪地上疏朗的建筑群给人一种宁静而不荒凉的感觉。

早年的荣园

荣园，也叫李家花园，新中国成立后改为人民公园。在天津，它是唯一一座被完完全全保留下来的私家园林，也可以说是盐商构建园林的封笔之作。1930年《天津志略》在《庄园》部分称："荣园在特别一区三义庄外，为津人李善人家之别墅。李氏富而好义，勇于为善，建筑是园，聊为游息之所。树木葱郁，丘壑幽秀，鸟语花香，颇饶逸趣，又有湖广数顷，植以芦苇，软红尘中得此水木明瑟之地，洵足助人佳兴。"

清代，天津作为首都门户，漕运、盐业进一步发展，海运发达，商业兴旺，一时成为"畿南花月无双地，蓟北繁华第一城"。天津文风之盛与盐商的崛起有直接关系。盐商发家致富后，为了改换门庭，大都结交文人雅士，并构建私家园林，延揽四方名俊，由此便引发了诗歌创作，从而造就了天津的雅文化。天津年代较早、影响最大的盐商园林是遂闲堂张氏在金钟河畔建造的问津园（张家还建有一亩园、帆斋、篆水楼等）。张氏以长芦盐起家，家资万贯，为一方富豪。问津园，人称"小玉山"，"诸名宿之集，文酒之宴无虚日，彬雅之风翕然丕振"，一代名家姜宸英、梅文鼎、方苞、徐兰、洪昇等，都曾寓居于此。这是天津文坛雅集盛事的开端。水西庄建于雍正年间，系盐商查日乾、查为仁的私家园林。查为仁主水西庄时"慕古人顾阿英、徐良夫之风，蓄积书籍，广开坛坫，名流宴咏，殆无虚日"。自水西庄建成之日起至查为仁去世，其间往来宾客数以百计，声名较显者有陈元龙、刘文煊、汪沆、万光泰、杭世骏、厉鹗、沈德潜等人。水西庄之后，津门文人雅集之风被盐商李承鸿之寓游园传承。嘉道间，李承鸿筑寓游园于城东，有半舫轩、听月楼、枣香书屋诸胜，馆诗人康尧衢于家，日与郝石朧、金野田、吴人骥、冯昆山等名流结社联吟，提倡风雅。自李承鸿后，盐商建私家园林者，以承续津门风雅者，就得数李氏的荣园了。如果说清朝康熙年间张氏建问津园开文坛雅集之先河、雍正年间查氏构建水西庄延揽南北文人推进了津沽文化的发展，那么"李善人"建起的这座荣园对繁荣文化艺术所发挥的作用同样不可小视。

作为盐商的私家园林，荣园虽然营造较晚(建于清同治初年)，却也吸引了不少的名人学者，以致成为20世纪初津门高雅文化的一方胜地。1917年，在南开中学就读的周恩来便和同学们游览过这座私家园林。曾任清廷内务府大臣的郑孝胥莅临该园数十次。他在1924年4月16日的日记中写道：友人周立之相告，德租界有李氏园，百余亩，芦花最胜。彼时，逊帝溥仪及庄士敦等亦曾光临这里。《夏曾佑集》(上海古籍出版社2011年版)收有夏曾佑1900年所作《乙亥留滞津门除夕与愿云同游荣园之作》云：

微阳下乔木，冥色满神州。亦复称除夕，萧然独倚楼。
北河通渤澥，战垒阅春秋。代谢浑闲事，毋忘秉烛游。

诗有小注曰："天津梁园门为大沽之役驻兵之所，园在梁园门外，李氏之所有也。"

荣庆(1859—1917)，字华卿，鄂卓尔氏，蒙古正黄旗人。清光绪十二年(1886)进士。历任军机大臣、学部大臣、协办大学士。辛亥革命后，在天津做寓公，寓居天津牛津别墅(今新华南路庆云里，楼房至今基本保持原样)。荣庆在津期间常去荣园观景，《荣庆日记》即收有十余首他创作的游荣园之诗作。

如民国二年(1913)二月二十五日，荣庆同其三叔裕厚(曾

在兵部武库司供职)步行南路时见桃花,将至小营,三叔西行,荣庆率程玉租车至荣园,饱看花柳,口占两律云:

名园三百亩,处处见桃花。流水疏枝映,微风嫩柳斜。依松含晓日,绕径看朝霞。艳说仙源好,而今在李家。

初入秦人洞,偏来范蠡槎。先生原好道,子之宛宜家。流水三生幸,清明二月花。相逢不相语,咫尺若天涯。

与荣园渊源最深的莫过于须社的那些诗家词人。郭则沄《清词玉屑》卷十二说:“津沽乏园林之胜,独李学士园稍具丘壑,初名荣园,余易以滢园。”又说:“春觞秋禊,必集是园。”“每集必有作,作者非一人。”翻开《烟沽渔唱》(须社酬唱之结集),但见《戊辰九日集李氏园不限调》《春光好·折滢园酴醾数枝供瓶吟赏倚声写之》等十数首词,皆为须社诸人在荣园的唱和之作。

文人墨客置身荣园无不诗兴大发。当年诗家李孺、徐沅、郭宗熙、林葆恒、许钟璐、胡嗣瑗、唐兰等所作长短句,大都是写荣园景物的。鉴于“园中亭榭向缺题傍”,郭则沄还与郑孝胥为园中各景“分拟其名”(有挹清堂、诗趣轩、因树榭、涵虚阁、窣堵台、蔓亭、森薮等),且“各有小诗记之”。如:“风雨踏春时候,园林掩翠人家。郁金裙子卓金车,人在小桃红下。少女风来池上,王孙草绿天涯。年时影事记些些,依旧秋千如画。”(查尔崇《西江月》)词友们悠游于园中美景,移情其间,超然物外,今天看来,实乃传统文人一种别样心态。

数年后,荣园更名第四公园,这一文人聚集之地仍被一些风雅之士所吟咏。周学渊有《游第四公园得句》二首。其一:“四园花事胜三园,几树高枝出短垣。含蕾丁香多绕径,扶疏绿柳自成村。”其二:“昔嫌市井苦嚣喧,今日花封寂寞门。雅称幽人诗意境,日斜觅句到黄昏。”这两首七言绝句被收入民国三十七年(1948)七月刊行的《止庵诗存》中。

艺苑学人坐林下

20世纪70年代，一群文人雅士陪同一位老者来到人民公园。这是四月天，海棠初放，一行人漫步于公园西侧的海棠园，他们在这里赏花、吟诗、填词，兴致勃勃，乐而忘返。其中那位老者是著名词人，一代收藏大家张伯驹先生。

张伯驹(1898—1982)，号丛碧，别号游春主人，好好先生，生于河南项城。幼读私塾，后就读于天津新学书院。张伯驹和张学良、袁克文、溥侗四人，被称为“民国四公子”。他是近代的一位文化奇人。艺术大师刘海粟这样评价张伯驹：“他是当代文化高原上的一座峻峰。从他那广袤的心胸涌出四条河流，那便是书画鉴藏、诗词、戏曲和书法。四种姊妹艺术相沟通，又各具性格，堪称京华老名士，艺苑真学人。”张伯驹曾任故宫博物院专门委员。

张伯驹先生

伯驹先生喜爱人民公园的海

棠,更是因为这里的海棠全国知名,盛开之际异常美丽。据知情人讲,该园在造园之初,园子的东边种有一片枣树林,西边是海棠林,南面是石榴林。这是按照中国人传统富贵荣华、多子多福的理念而设计。这些海棠树和枣树在园内已经生长了百余年,今天依旧可以找到。20世纪70年代初,伯驹先生从吉林回来后,更是频频往返于京津间,且几乎年年春天都到人民公园观海棠,陪同老人赏花作诗的多是梦碧词社的词人张牧石、寇梦碧等。伯驹先生称该园为“故李氏园”。在“故李氏园”,他留下了诸多脍炙人口的诗词佳句。

《庆清朝·与牧石游天津故李氏园,坐海棠林下,花正盛开,时有坠片》云:

雾眩红妆,天怜白发,倾城又见佳人。娉娉万态,顿惊眼外皆春,乱落打身碎锦,散花如梦雨缤纷。流光里,剩脂湿透,半是啼痕。

纵使绿章夜奏,奈何阿娇薄命,金屋无存。东风恁妒,繁华一霎成尘。但愿醉眠不醒,楚骚休赋与招魂。飘残片,有心作篑,铺遍芳茵。

《浣溪沙·沽上与梦碧、牧石故李氏园看海棠》云:

写貌也难下笔来,胭脂匀面粉匀腮,迟迟妆罢出堂鑱。有色羞教贫女见,无香偏向恨人开,更看近水起楼台。

蜀道西来万里程,仓皇辞庙泪痕凝,愁闻马上杜鹃声。唯有深怜诗可作,得无再顾国能倾,金瓯那换美人情。

沽上桃花也逊容,钗横鬓乱睡妆浓,锦绢笼影晕娇红。半染啼痕三月雨，全消愁梦一天风，阑干倚遍夕阳中。

乐极重思转惘然，欲回还住亦堪怜，两般心绪半晴天。好友最难逢暮日，名花更惜看衰年，余情莫负梦边缘。

《小秦王·乙卯春，天津故李氏园看海棠》云：

离乡同是在天涯，都转署中带雨斜。七十年来犹故我，还留老眼为看花。

无雨无风正艳阳，曈曚晓日照晨妆。冶容绝代真惊目，怕是销魂更有香。

萃锦展春梦已残，东风犹自倚阑干。石家金屋今何

荣园内的古建筑

在，剩与寻常百姓看。

占取韶华一段春，流脂濯锦向红尘。吹来为有东风便，每到芳时忆故人。

30年过去了，张伯驹先生那些吟咏海棠的佳句，真真切切地道出这座历史文化名园的妙境，为该园增添了熠熠光彩。

作为旧时盐商构建的私家园林，荣园历史厚重，文化色彩浓郁，诸多文人学士在此留下足迹。早年这里曾是须社陈宝琛、郑孝胥等人的雅集之所，后来又与梦碧词社结下不解之缘。

梦碧词社是20世纪40年代天津较有影响的诗词团体，成立于1943年夏季，开始叫癸未社，1946年更名梦碧词社。“要为民族扶正气，短吟微叹化风雷。”艺术大师徐悲鸿以精辟的诗句道出梦碧词社词友含蓄、妩媚的词风和忧国忧民的心态。新中国成立后，词友们仍在一起聚会，创作出不少讴歌新时代的作品。荣园即人民公园是他们时常光顾、吟诗、作词的地方。

当年，张伯驹由京来津到人民公园赏海棠，每次皆由梦碧词人陪同，面对纷繁盛开的海棠，词人们与张老一起品题酬唱，也留下一批脍炙人口的诗词杰作。

著名词人、篆刻家张牧石即留有与伯驹先生游人民公园时的唱和之作。其中有《浣溪沙·同碧丈游李园偶溯前尘成二解》、七律《李园海棠兼答碧丈书告近闻》《代海棠柬丛碧丈》七绝四首、《李园海棠应碧丈题》七绝三首，以及《浣溪沙·梦碧后社小集李园看海棠》。

梦碧词社发起者和组织者寇梦碧有《己巳暮春梦碧后社

诸子李园看海棠》。词曰：

劫余倦眠，血色花光辉莫辨。感逝怀芳，未到秋来已断肠。空有涯无限，病里春光何计遣。花却多情，乱叠红云作锦屏。

此词作于1989年，张伯驹先生1982年作古，词中不无怀念这位词坛泰斗之意。

寇梦碧《六合小溷杂诗》有《和君坦丈李园海棠感旧元韵三首》。其中一首曰："绿幄阴阴日向西，李园重到梦俱迷。料知夜壑吟犹健，任把红香辗作泥。""君坦丈"即当代著名词人、书画家黄君坦，黄住在北京，由诗中可知君坦先生也曾到过人民公园，并写过吟园中海棠的诗。寇先生还写过一首《虞美人·人民公园看海棠》。上阕为："老来老作闲居赋，且斗旗亭句。倡条冶叶漫相夸，绝爱锦窠千风吐红霞。"下阕是："看花雾里输年少，转是朦胧好。恐他风雨误芳时，乞取朱幡为我护琼枝。"这是寇的晚年词作，尤可看出他对园内海棠的一片痴情。

城南诗社严夫子

2020年适逢严修先生160周年诞辰，学者赵进杰先生感赋："吾仰严夫子，清标天下闻。奏开经济策，手辟南开园。崇化弦歌续，城南觞咏频。于今谁嗣响，重起振斯文。"

从文化地理的视角来看，严修、城南诗社与赓续津沽文脉、提升文化品位是不可分割的，而近代津沽雅文化的一度兴起则又与一个地方发生了千丝万缕的联系——这个地方就是贺家口引河畔的八里台、佟楼一线。清末民初，这一带水网纵横，一派水乡野趣，结社吟咏，风雅聚会，群芳竞才华，酒香伴诗情，成为高雅文化的一片乐土，为天津的历史文化写下重重的一笔。

严修先生

严修和他主持的城南诗社与八里台有很深的渊源，提起城南诗社和八里台就必得说到严修。

严修生于1860年，字范孙，

中国近代著名教育家。他自幼饱读诗书，受过系统的传统教育，在科举考试中金榜题名，并步入仕途，先后担任翰林院编修、贵州学政、学部侍郎等。可贵的是，他没有沉醉于对科举考试制度的欣赏、玩味与维护，而是凭借着强烈的民族正义感和对世界潮流的敏锐洞察力，发现科举制度已经不适应时代潮流，培养不出社会需要的人才。早在戊戌变法前，他就大声疾呼：中国自强之道在于教育，并奏请清廷开设“经济特科”，改革在中国已经实行了大约1300年的科举制度。敢为天下先。新政时期，严修又以知其不可为而为之的精神，为科举制度的终结做出努力和贡献。他曾与好朋友卢靖等人一起说服袁世凯废除科举取士。据卢靖的弟弟卢弼在《严公墓碑》中披露：“伯兄(卢靖)常谓曩与先生(严修)同谒项城(袁世凯)，力陈科举之弊，非罢废不足以言兴学。项城毅然约江楚二督入奏。数百年锢蔽民智之举，一旦廓清，最为愉快。”1905年，清廷宣布废除科举制度。严修曾为清除阻碍新式教育发展、妨碍造就国家和社会急需人才的科举制度做出别人难以企及的历史贡献。

兴办新型教育、改良家塾、创办新式学堂是严修的毕生追求和事业。1904年他与张伯苓赴日本考察教育，回国后在天津创办敬业中学，并创办中学、小学、幼稚园、工艺学堂、研究所等。1918年与范源濂等赴美国考察高等教育，1919年回国与张伯苓创办南开大学，曾捐献大量钱财及书籍。同年秋设立“范孙奖学金”，举荐并资助周恩来、李福景赴欧留学。严修为人纯洁无染，一生献给了教育事业。据不完全统计，他先后参与兴办或者倡办的学校包括天津私立第一小学、第二小学和16所官立男子小学，11所官立女子小学，天津师范学堂，北洋女子师范学堂,北洋政法学堂,直隶高等工艺学堂等。1929年病故于天津。著有《蟫香馆书读》《严范孙先生日记》等。他用自己的生命,彰显了敢为天下先的创新精神,开眼看世界的科学探索精神,以及舍弃个人财富,为国家和民族培育人才的无私奉献精神。他不愧是南开精神的倡行者。

与严修相知甚深的张伯苓感叹:没有严修先生的支持,就不会有南开。《大公报》在《悼严修先生》一文中赞扬严修为南开的发展所做出的不懈努力:"以兴学为务,慨出私产,发起南开,筚路蓝缕,惨淡经营,至今日蔚华北一大学府。数十年前严氏提倡之诚,赴义之勇,饮水思源,有令人不能不肃色起敬者!"

严修是一位大教育家,而同时他也是一位诗人。严修喜欢什么样的诗?他的诗作特色是什么?为什么会在天津创建了一个城南诗社呢?

严修素来提倡新学,接受新鲜事物,有胆有识地改进传统教育,但如果深入他的精神世界就会发现,严修提倡新学,亦发扬国学。鉴于国学陵替,他在生命的最后一段时间,再次在家中办学,创立了崇化学会,正是为了补偏救弊。他认为:"新学与旧学,交攻如对垒。我思不必然,实事但求是。"正是如此,他倡导古典诗词,推崇传统文化,创建并主持了天津诗词团体——城南诗社。

曾有人说,严修所欣赏的诗歌是什么样子呢?从他自己的诗作中可以品读出来,诸如"史才虚谷申耆后,诗格渔洋广雅间""不嫌喧哄声成市,稍惜诙谐语近村",以及"落笔久经人脍炙,开编弥觉味深长。传家果有元和手,不独诗豪属李唐"等诗作,从中可以看出,王渔洋、张之洞、刘禹锡、柳宗元都是他所敬佩的前贤。他欣赏脍炙人口、韵味深长的诗作。严修为人不汲汲于功名利禄,他作诗也一任心中所出,不逞才使气,不费力雕琢,该用典时用典,该直抒心曲就直抒心曲,自然流畅。他善于引用通俗语言融于旧诗格律中,富有俳谐风趣。其《自题》诗云:“五十为诗已最迟,况将六十始言诗,此生此事知无分,聊学盲人打鼓词。”赵元礼曾指出:“先生之诗,不多作,亦不尚宗派,而天怀淡定,纯任自然,温柔敦厚之旨,每流露于不觉,读之如对古德,如聆古乐,使人矜平躁释,盖非寻常雕章琢句者之可几也。”

作为诗人,严修与天津同时期另一著名诗人王守恂,在中国近代诗史上亦占一席之地。近代诗学家汪辟疆在《近代诗派与地域·河北派》一文中说:“若天津严修、王守恂二家,并有诗名。”在《光宣诗台点将录》中则说:“范孙通方之彦,尤负时望,诗亦渊懿。在美时游山诸作,骏快似东坡,可诵也。”曹聚仁认为严修的诗词:“摄取新意境,遣使新词语,运用新语法,不受旧律的拘牵与旧意境的束缚;其《入美杂诗》,所用现代术语及外国人名地名之多,并不在后来著名的胡适《送梅觐庄往哈佛大学诗》之下。”严修的诗,最著名的当属《诵洛见赠抒情四绝句读之感愧依次奉答》第二首。诗云:“本为衰朝惜异才,几番铸错事同哀。拾遗供奉吾岂敢,幸未人呼褚彦回。”作者从对自己当年

严范孙先生手札

行为的反思着笔，巧妙地借用历史典故，以古喻今，含蓄而鲜明地表现了对袁世凯窃国称帝的厌恶，表现了自己不与袁同流合污的气节和跟随时代进步的眼光，因此在民国初年曾广为传诵。王守恂评述严之诗风说："公之诗，情真、理真、事真，不索强，不假借，不模糊，不涂饰，如道家常，质地光明，精神爽朗。"并有诗赞曰："严君无常语，造句如铸金。"

城南诗社是在1921年成立的，起因本是三五个文人相聚宴饮，社员王武禄在《城南诗社集序》中写道："按诗社之始，起于三数人文酒之宴，严范孙先生实倡之。"这就明确说明了诗社之缘起及其发起人。诗社缘何以"城南"冠名：王武禄亦有解释，他说："城南二字，因昉乎浴沂风咏之例，而尤以吾等集合地址界乎昔日天津城基之南。""浴沂风咏"是曾点对孔子所言说的志向：暮春之日，浴沂风咏于鲁南之沂水。诗社的成立可谓绍述先贤，而"城南"之名更在于诗友社集地点在天津城基之南及八里台一带。正如吴寿贤所言："启坛坫于城南，建鼓旗于津上"，由于严修"为北方学术界重镇。""德高望重，极受津人的景仰。"因此坛坫初起，辄响应不断，共推严修为诗社"祭酒"。

孟广慧、赵元礼书"城南诗社"

城南诗社社员王揖唐记云："津门城南诗社，范老实主之。吟侣甚盛，颇多旧识。报载《城南十子歌》，直可作小传读也。"《城南十子歌》谓严修云:"范孙肖然鲁灵光,头白先朝旧侍郎,温柔敦厚诗教昌。"严修之外,其余九人为王守恂、章钰、顾祖彭、赵元礼、刘赓垚、吴寿贤、李国瑜、王汉章、陈诵洛。此十子当为诗社中参与活动活跃,且影响力较大者。当然,城南诗社社员自不止此十人,据1924年出版的《城南诗社集》所记名录可知,至本年诗社社员达63人。1929年,诗社社员马钟琇撰写了《城南诗社小传》一书,其中记录了69位诗社社员,汰除见于《城南诗社集》的40人之外,新增了29人。可见,截至严修逝世的1929年,加入城南诗社的诗人已近百人,可谓吟事兴盛。据《严修日记》可知社集地点有:严氏寓所(蟫香馆)、天津公园西餐馆(霞飞楼)、学界俱乐部、河北省立图书馆南楼、华安饭店、百花村、八里台南开大学、江南第一楼、明湖春饭庄、海光寺等。集会之前,"柬则遍延,到否悉任其便。然每聚,多则二十余人,少亦十余人"。

城南诗社部分成员的合影

城南诗社也刊印了一些重要书籍，还有一些诗话如赵元礼《藏斋诗话》、王揖唐《今传是楼诗话》,都有所涉及。但专门叙述城南诗社诗话的,当属陈诵洛《今雨谈屑》。陈诵洛,名中岳,浙江绍兴人。在津七年,时任肃宁、三河、天津等县县长。1922年加入天津城南诗社,曾任社长,交游广泛。1928年初夏,陈诵洛自肃宁知县卸任后,应《汉文泰晤士报》主编郝东哲之邀,在该报上开辟专栏,名为《今雨谈屑》,记述城南诗社掌故,后结集成书。

严修书联

《今雨谈屑》在谈到城南诗社的活动形式时说:“吾社文酒之会初无定址,辛酉岁在公园霞飞楼,壬癸之际在华安饭店，甲子而后在江南第一楼者凡二年，旋又改明湖春。每两星期一聚,每食不过八簋,所以存真率之致,一餐一费概由与会者平均出之。其初次到会者,则居宾位,社例然也。江南第一楼及明湖春特辟一精室,作觞咏之地，四壁书画悉同人手笔。”书中对诗友之诗评论说:“范孙丈如太羹玄酒,自然浑厚;仁安丈如浣纱村女,不假铅华;赵幼梅如长枪大炮,震动一切;顾寿人如典午清谈,逸清云上;李琴湘如剖蚌得胎,探骊在颌;张芍晖如老农力田,深耕丰穫;冯问田如成连海上，使人情移；王纬斋如秋山木落，瘦不力骨；吴子通如黄河天上，入海犹喧；李寱庵如松火煎茶，芳留舌本；张玉裁如面壁功深，坐痕宛在；马仲莹如驴香茗碗，安置妥帖；刘云孙如随宜梳洗，亦足倾城。”

严修主持的城南诗社是20世纪20年代天津文坛重要的传统文人社团。诗社社员有感于战乱动荡的社会现实，渴望借诗社摆脱烦恼，获得心灵的宁静。他们的创作反映了浓郁的避世追求，贺家口引河畔的八里台则是实现这一追求的理想场所。城南诗社的诗歌唱酬有助于认识北洋乱世之中文人的真实心态。

公聚吟哦八里台

贺家口引河的八里台是城南诗社的文化高地。这里绿草如茵，杨柳依依，泛舟湖上，涟漪阵阵，微风拂面，令人心旷神怡，正是欲退尘世纷扰的“桃源仙界”。城中风雨硝烟至此云散，在此地诗酒唱酬，愁苦不宁之心自然平和悠远。因此八里台成为城南诗社避世消忧最理想的场所，正如严修诗所云：“年年八里台，泛舟共游骋。”“最是差强人意事，居然城市有山林。”

城南诗社的诗人们都有着强烈的“八里台情结”。作为城南诗社的“掌门人”，严修屡邀社友来八里台南开大学公聚吟哦，也是因为八里台水乡泱泱及南开园园中莲池芦塘与青龙潭相通，绿水逶迤，湖渠相莲。他邀同社泛舟八里台分韵得“乌”字诗云：

乘兴泛清沚，一双叶舟小。天高白日晶，水田将绿绕。柔柯向杂花，残荷映众蓼。诸公于此间，佳趣知多少。暂还还复在，望望去已杳。但闻笑语声，随风出林表。

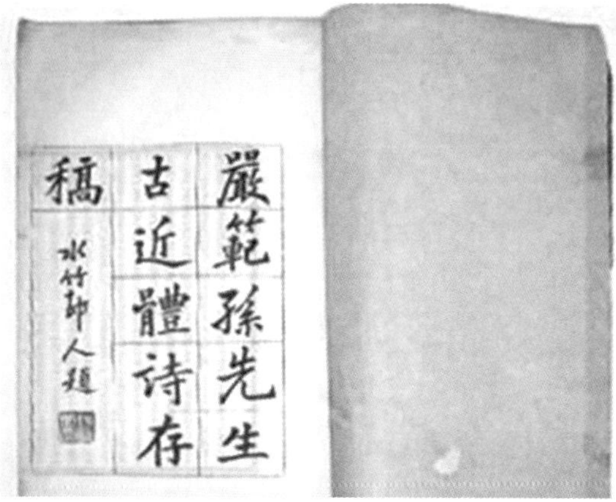

《严范孙先生古近体诗存稿》

城南诗社社友陈诵洛的诗集《邂逅轩诗录》

他还将八里台一带风景与江南山水相比拟，其《八里台归途示诵洛》云："夹岸丛芦一色青，橹声续续水波澄。故乡风景君应记，略似西兴到绍兴。"对严修和诗友们来说，八里台是与喧嚣城市相对立的宁静世界。

1923年8月26日，严修约请社侣八里台泛舟。据陈诵洛《七月十五日八里台放舟杂诗》中注释云："是日同游十五人分乘两舟"，"两舟中人每得一诗辄传观索和"。到者严修、黎雅亭、吴子通、严台孙、冯问田、赵幼梅父子、陈云孙、顾寿人、陈一甫、王纬斋、杨襄如、王仁安、李寱庵。另据《严修日记(四)》记载,是日午前登三重楼,"午后乘舟(两舟)出学校而南,过望海寺,登岸入览,又游留青阁,四钟至校。后乘舟至宁家大桥登岸,散归"。又云:"终日唱和联句,诸公手不停挥,尤以诵洛、云孙、纬斋、子通为最勇。"

又如1926年9月12日,严修约请八里台泛舟之游,到者吴子通、刘云孙、孙镜忱、张芍晖、冯问田、金伯屏、项贺丰、任瑾存、李寱庵、顾寿人、王纬斋、步芝村、张玉裁、朱夔辰、杨意箴、杨子若、赵幼梅、叶效光、孙昉南、赵炳南、严台孙。〔见《严修日记》(四)〕是日严修在南开大学设宴三席,张伯苓亦入座。据《严修日记》记载,"饭前饭后诸公乘舟两次""午后诸公乘舟径往同文书院"。

那一日,冯问田所作《丙寅八月初六日范老招游八里台分韵得绿字》云:

> 有台城之南,清溪回九曲。去城不十里,景物独绝俗。黄舍飞浦云,园林丽海旭。主人富春翁,德盛文弥缛。开宴作嘉会,客来袂相属。妙论春风和,深情醉醹醁。柳荫击双艇,备以载咏瞩。各受人六七,坐谈膝可促。容于水中央,东西任所欲。回忆七月初,来游暑正酷。欢兴恨未尽,归时已秉烛。(七月朔,同敬忱、子正两兄来游。)兹游时最佳,凉飙涤烦溽。秠迎新霜,蒹葭飐深渌。夕阳照鬓红,炊烟隔树绿。随处饶吟材,摭拾即珠玉。舟子亦解人,传笺堪代仆。唱和乐忘归,不觉诗成束。呜呼此何世,遍地逞蛮触。一战万骨枯,闾阎痛荼毒。哪知富与贵,不过供贪欲。人间

几烂柯，天上棋一局。黄粱炊未成，梦已不可续。曷若田舍子，终岁事耕劚。采山友鹿豕，钓水侣凫鹄。理乱俱不闻，无荣自无辱。我生本不才，一长惟食粟。平居无所争，听人讥绿绿。况值扰攘秋，静退尤自勖。愿买田数亩，不必尽膏沃。愿结屋三椽，仅可容跧跼。唯须卜城南，翛然远尘躅。朝夕获从游，今生愿斯足。

冯问田一生漂泊不定，宦海沉浮，此诗既写景又抒怀：由城南游追忆时势之艰辛、道途之险厄，发出人生无常的感叹。这种心态在很大程度上源于社会时局的动荡。仕途的跌宕，诗人如落叶般的飘零、无助与一丝希望都跃然于纸上，读之令人心潮澎湃。

陈诵洛诗《中秋前五日严范孙丈招饮城南八里台》，则有“荷叶落残中妇镜，芦花高过酒人船”之句。当日，他还作《丙寅中秋前十日严范孙先生招饮城南八里台歌事遂情率成六律》：

两度同游记执鞭，今朝更喜脱尘鞯。天开图画仍无恙，我与林泉动隔年。（每次范孙先生辄于此地为文酒之会）荷叶落残中妇镜，芦花高过酒人船。吾生信美知何处，便到江南也可怜。

三百葡萄八百桑，岿然真见鲁灵光。名园半赖经营力，福地终输翰墨场。似我不才尚青眼，伊谁末座属黄裳。先忧后乐谈非易，便拟为君一慨慷。（王采臣先生尝谓天津无山水可言，若于八里台稍事经营，当可成一名胜。顷已于其地购得数十亩，种葡萄三百株，成都八百桑无多让也）

探幽来残当时诺，世才寻碑感喟馀。但觉恂恂见儒雅，岂知赫赫见旄旟。万人海里曾听雨，百尺楼头自著书。更忆隔邻李长乐，同舟游兴近何如？（郭诇白先生尝同酒楼坐雨，以新作泛舟八里台诗为予书扇头，如：“寻碑感世变，谁惜此丘壑”，又：“为念一须臾，来践探幽诺”，皆名句也。长乐李星冶先生与之比邻，闻亦有游八里台之作）

本缘秋泛约擎卮，讵意翻歌惆怅词。吾道此行差有托，微官乱世恐难为。哀嗷计待筹鸿哺，素尚怜同忍凤饥。八里台前一泓水，劝君惜取与君期。（李寀龛、张孟儒、任瑾存三先生，一宰巨鹿，一宰安新，一宰曲周不久均将履任，今日即为祖帐）

秋风夹道聂公祠(祠即在八里台)，当日英灵俨在兹。一战竟甘孤注掷，中朝从此累棋危。难忘先轸归元惨，独有伊人被发悲。吊古伤今多少泪，只应唯有夕阳知。

濩落生涯去住难，穷坚犹自劝加餐。刀堪易犊行教卖，铗纵求鱼肯浪弹。雪夜偶思访安道，雨中聊复过苏端。一竿倘许容招隐，此即君家七里滩。

查氏遗韵在城南

“茫茫何处寻诗酒？西庄市声喧乱？”周汝昌先生《台城路·过水西庄吊津词人查莲坡先生》一开头便引发了人们对天津清前期文化摇篮水西庄命运及其文化传承的关注。从表面上看，贺家口引河、八里台、青龙潭乃至今天的水上公园与水西庄之间似乎并无关联，但是，只要我们追寻一下天津文化的发展脉络，就会在八里台、青龙潭的身上清楚地看到了水西庄的影子。

清代康、雍、乾三朝是天津文化发展的时期。坐落在河北的问津园、一亩园、香林院、大悲院及城西的水西庄等名园胜地，皆以主人的文情与好客聚拢了一批批学者文人，活跃并推进了天津文化。在这些文化“沙龙”中，以水西庄最具代表性。

水西名园自雍正初建至乾隆后期由盛而衰，但作为“水西庄现象”却并未因其园林湮灭而消亡。清中叶天津学人梅成栋曾在水西故地起梅花诗社，许多诗人学者每每流连于此。无奈时过境迁，旧迹难觅，也只是写首小诗发发感慨而已。终于有一天，文人们在感念水西庄人文之盛的同时，将酬唱雅集之地移到了城南的八里台和青龙潭即今日之津河一带。

最早将目光投向这里的是民初城南诗社的一批文人。这个由严修发起、天津及寓居津城的诗坛高手、社会名流组成的诗歌团体,自20年代初成立的那天起,即与水西庄结下不解之缘。为纪念水西庄当年的人文之盛,该社社友几乎每年重阳节都来此聚会,凭吊遗址、观览遗物、赋诗纪实兼抒情,有时还将作品汇集成书。笔者藏有《癸酉展重阳水西庄酬唱集》和《乙亥重阳雅集诗录》各一,足见他们对水西庄人文的眷顾。

《癸酉展重阳水西庄酬唱集》是民国二十二年夏历九月十九日(1933年11月6日)在天津芥园庙水西庄故址由严智怡、陈中岳召集的"展重阳诗会"上14位与会诗人的作品结集。诗会以分韵的方式作诗,这次诗会需要14个字,于是用了嘉庆时天津学者沈兆沄《重游芥园》诗中的两句分韵,即"客到习闻渔父唱,诗成妙付雪儿歌"。社友的作品有诗、有词。诗有近体,也有古体,共计19首,全都以水西庄为题材,且大多表达了重振"水西诗风"的夙愿。如郭则沄诗"当时竹间楼,弦管秋风人"是写当年水西庄的景致与盛况的,李金藻诗"此地重阳宜再展,社吟继续到梅花"则表示要效法梅花诗社以重振诗风。

《乙亥重阳雅集诗录》收入了民国二十四年(1935)重阳节27位诗人楔集水西庄故址而作的有关水西庄的诗歌。主持者李金藻从《绝妙好词》中选出吴琚《浪淘沙》词之上半阕,即"岸柳可藏鸦,路转溪斜,忘机鸥鹭立汀沙。咫尺钟山迷望眼,一半云遮",共27字。每人以二字为韵,赋其所见、所感。众诗人成诗后,依字序次,排比成编,铅印成册。这次诗会,诗人们情深而又无奈。杨星耀诗:"查氏起乾隆,水西盛宾友。厉、万与汪、陈,数载会文酒。《沽上题襟集》,得出不胫走。《绝妙好词笺》,其时亦断手。"是对水西庄风雅的追述。高凌雯诗:"蔗塘(指查氏)旧迹苦寻搜,太息蟫香(指严氏)愿未酬。”又是对重建水西庄的热心倡导者严修父子的缅怀。

“城南诗社人,最喜城南游。”继水西故地之雅集,城南诗社多作八里台临流之觞,雅集地点已由水西故地渐至八里台、青龙潭一带。《严范孙先生古近体诗存稿》就收入有关八里台诗作多首,如《八里台小集》《八里台归途示诵洛》《中元游八里台泛舟分韵得秋字》《新秋约同菊生之村仁安幼梅寿人琴湘渐逵纯之纬斋云孙问田玉裁子通凤石八里台泛舟并野餐分韵得日字》等。其《分韵得清字》云:“修禊饶余兴,相招复此行。寒消迟送暖,阴久暂开晴,敢拟曲江曲,聊同清泚清。匆匆各言别,惆怅不胜情。”城南诗社的另一位骨干、津门学者王守恂的《王仁安集》中也收有《八里台秋泛分韵得雨字即呈诸公》等诗作。该诗在回忆他当年任钱塘道尹时居西湖畔放舟探幽之后,深情地写道:“唯此八里台,仿佛旧莲浦,秋高爽气来,招邀载清酤。”他们的诗作不仅光大了水西庄的文化传统,也为青龙潭这一风景之地增添了光彩。

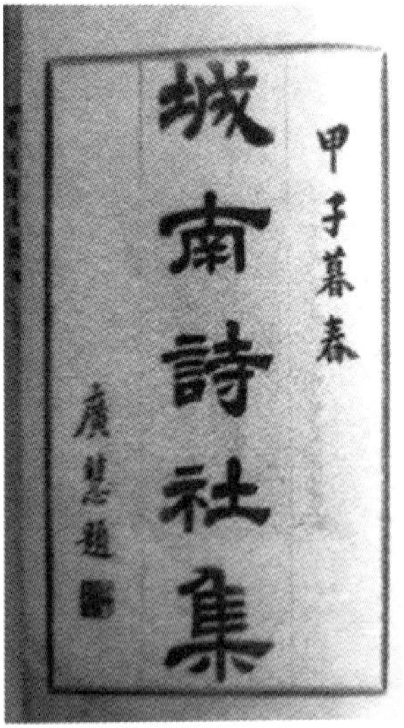

《城南诗社集》书影

水西庄的诗家词人多以水西庄景观为着眼点,展开文学创作,辑有《蔗塘外集》(又称《澹宜书屋六咏》)等;城南诗社诗家词人则多游弋于八里台,描写贺家口引河的景物、古迹和青龙潭的旖旎风光,辑有《城南诗社集》等。

《城南诗社集》中社友顾祖彭(字寿人)《读八里台泛舟诸作续

赋呈政》云：

我家近青溪，九曲平如砥。北湖莲花桥，南泛长千里。负郭元武湖，风日尤清美。榜人足菱芡，游女搴芳芷。自从谒承明，澒洞风尘始。万柄石闸荷，一勺江亭苇。春秋试登临，慰情胜无耳。频年值丧乱，周南滞畏垒。胜迹水西庄，名园惜已毁。庄严海潮庵，东卫余兰锜。沧桑有变更，象教犹如此(同光间海光寺设制造局，谓之南局。庚子后某国借为兵房，游人罕至)。键户十一秋，蹭蹬爰居止。南城有吟朋，旷代严夫子。种瓜赋青门，茹芝咏黄绮。招邀都讲张(伯苓张君)，出都行逶迤。同游凡九人，南华玩秋水。晶晶云日辉，浩浩川原㳽。薇黄柳散金，远绿树如霁。冲波起凫驾，浅水数鲂鲤。濯缨叩船舷，挈榼分刀匕。遥酹八里台，英雄呼不起。将军有断头，一振颓波靡。庶几明哲训，教战先明耻。往事近廿年，甲兵今尽洗。讲舍相阴阳，鸿都规大启。伟哉愿力宏，华严见弹指。负疴欲奋飞，见猎独心喜。壬戌赤壁游，尚欲饮冰拟(梁任公近有赤壁之游)。

另一位社友、书画家徐宗浩(字石雪)则有《八里台归舟记景》云：

放棹归来日又斜，凉飔两岸响蒹葭。参差剪草飞轻燕，伸屈衔波走短蛇。断渚蒲荷迷旧路，矮垣梧竹认谁家？风光绝似江南好，近水人人足稻虾。

高凌雯的“城南绿水抱村流，曾共诗翁一放舟”(《刚训斋集》卷十二),冯文洵的“楼台俯青溪,烟景似江左”,“新涨一篙碧,疑人天上坐”(《紫箫声馆诗存》),也都是城南诗社社友会集八里台、泛舟青龙潭的诗词名句。其《癸亥中元严范老招游八里台分韵得客字》等也都是吟诵八里台的。《八月六日范老招饮八里台泛舟记游》云:“四时佳景最宜秋,又往城南共泛舟。如此山河如此会,一天清福几生修。”

当代作家黄裳在《榆下杂说》中曾提到他探访水西庄故地的情形:“记得五十年前在天津读书时,曾经到八里台左近去过,也不知道是不是当时的原址,但见高柳垂荫,一溪环绕。”黄裳所到之处不是水西庄故地,而是八里台一带。但他的话恰恰在提示我们,八里台、青龙潭与水西庄在文化上确是相连而又相通的。

城南诗社对水西文化的弘扬还体现在他们对水西庄遗址的开掘上。水西庄于同治年间亭台楼榭已全部倒圮,夷为菜园,唯山石嶙峋,与乾隆御碑并峙。此时,严修等人倡议复兴该园,然未竟其功。光绪二十六年庚子之役,水西庄迭遭兵燹。庭院被踏几尽,虽存胜地之名而实无旧构矣。其间,文人诗家的水西庄诗作常流露出一种哀叹与愤慨。最有代表性的是生活在清末年间华鼎元《津门征迹诗)对水西庄的描述:“问柳寻花过水西,万竿烟雨绿萋萋,雪泥鸿爪痕何在?行到河干路欲迷。”城南社友高凌雯《衣补集》中有《芥园书概》四首还揭露了官家对水西故园的破坏:一是八国联军入侵天津时,水西庄为兵警所据,当作“巡警马队”的驻地,“人畜践踏,旧迹荡然”;二是“某都督”要为自己建花园,将水西庄内的太湖石于深夜用船全部盗走;三是天津闹水,灾民到这里搭建寓棚而不搬迁,致使水西庄成了一个村聚,且被“廛市相侵”。对此,作者不得

不发出“蔗塘多雅构，至此靡孑遗”的慨怨。（《刚训斋集》）

民国时期，水西庄愈加面目全非，但其在文人心中仍有举足轻重的地位。民国二十年(1931)。严修之子严智怡(1882—1935)通过中山公园董事会组织“水西庄遗址保管委员会”，并获省府批准，后因日本侵略势力的渗透，其愿望未能实现。在此期间，后期的城南诗社在水西遗址举行的觞咏小聚及吟咏水西庄的作品亦始终不断。记得张伯驹先生民国时期在言及天津的诗词创作时说道：“终古海河任枯竭，只应流不尽心源。”一代又一代的诗家文人之所以赋诗填词，对水西庄千呼万唤，并非是出于复古、厚古，而是在呼唤和倡导一种文化，一种代表古代天津文化主流的深层次文化，一种足以令天津人骄傲而又在中国文坛独占一席之地的高雅文化。

1941年春城南诗社同人留影纪念

于天津文化史而言，城南诗社的存在确是承续了津沽风雅。王守恂为赵元礼所撰《神佑集》作序云：“吾乡提倡风雅，有张氏遂闲堂，查氏水西庄。张氏宾客如吴天章、赵秋谷，查氏宾客如厉樊榭、杭大宗,此康雍乾嘉时代名人之纪载也。道咸时有梅花诗社及续梅花诗社,为梅树君(梅成栋及嗣子梅小树)先生先后主持。嗣杨香吟先生倡立消寒诗社。自是而后科举盛行,乡人多从事帖括,风雅几至中绝。近年严范孙、赵幼梅同立城南诗社。范孙故后,幼梅继起,直至今日,人才之多,著述之盛,有加无已。”此段论述虽简单,但已勾勒出天津文化史上“雅集”之轨迹,足见城南诗社承继遂闲堂、水西庄之风雅,使流风不堕于世。今时今日研究城南诗社,于天津雅文化的发扬而言,具有重要现实意义。

天津社会科学院文学研究所的孙爱霞提出:城南诗社的意义不仅是可以从当时的诗歌唱酬中,认识北洋乱世之中文人的真实心态,更是对承续津沽风雅文化做出了贡献。天津文化有雅俗两脉。而长期以来,俗的一脉比较明显,而雅的一脉则处于“隐”的状态,以致很多人对天津文化认识有偏颇。通过对城南诗社里文化名人们活动的记录以及流传下来的作品,意在使“雅”重现,使天津文学与文化的内涵更加生动与丰富。

临流结社郭则沄

贺家口引河畔佟楼——八里台一带是20世纪二三十年代天津著名诗词团体须社的词人时常光顾填词之地，他们从佟楼循河乘舟，吟咏酬唱。该社发起人之一、无锡籍学者杨味云的《云在山房骈文诗词选》中就收有相关之作，诗中“红藕将残，白萍未老，柳丝冉冉，犹带斜晖”的佳句，使人身临其境般地感受到这一带水乡的清新和野趣。在诗中，人们似乎闻到了花的芳香、水的气息，实在令人神往！郭则沄《清词玉屑》有多处描述这里的风光水色：“津南八里台亦曰‘八里潭’，水村缭绕，多植芰荷，老柳带之，风景佳绝。”用今天的话讲，佟楼、八里台的沿河一带其实就是须社的“创作基地”，须社人的诗词有很多都是在河舟里吟出的。

须社成立于1928年五月，郭则沄为社长，社员有陈恩澍、查尔崇、李孺、章钰、周登皞、白廷夔、杨寿枏、林葆恒、王承垣、郭宗熙、徐沅、陈实铭、周学渊、许钟璐、胡嗣瑗、陈曾寿、李书勋、唐兰等。另有“社外词侣”十三人。他们是：陈宝琛、樊增祥、夏孙桐、陈懋鼎、陈毅、高德馨、邵章、夏敬观、姚亶素、万承栻、袁思亮、钟刚中、黄孝纾。这些人或为清朝遗老，或为文人雅士，或为社会名流，大都是客居津门的南方籍人。春禊秋觞之时，词人们多集于八里台、荣园等地，每集必作词。也有人说，须社社集地点经常是社员的宅第，如郭则沄的栩楼、白廷夔的冰丝盦、林葆恒的飞翠轩、郭宗熙的栖白庼、杨寿枏的云在山房、陈曾寿的苍虬阁、李书勋的水香簃等。室外社集点则有水西庄、乾隆柳墅行宫、李园、八里台、西湖别墅等。还有人说，“须”即原本之“鬚”字，意思是词社成员多数是年长者。《梦碧词刊》第二期载周学渊《齐天乐》词前小序记叙了当年的情况：“余昔年从张园诸老及旧好查、郭成词社， 旬一课，百课即止。”社友词作数百首收入《烟沽渔唱》，付梓行世。

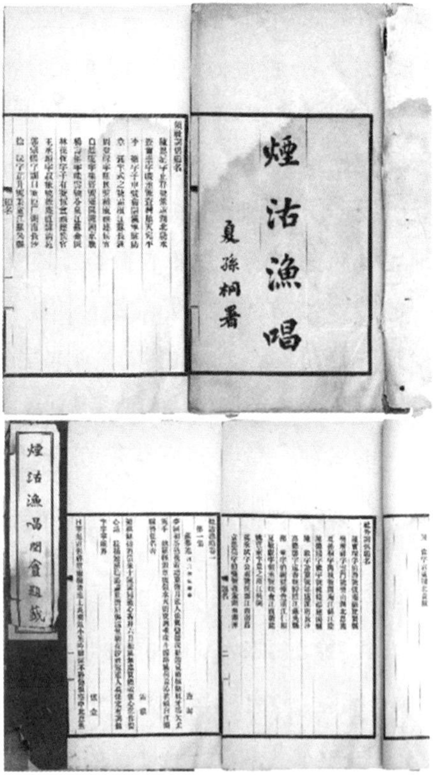

《烟沽渔唱》书影

郭则沄（1882—1947），字蛰云，号啸麓，福建侯官（今福州）人。1903年癸卯科进士，翰林院庶吉士。1914年任政事堂参议、铨叙局局长。后历任国务院秘书长、侨务局总裁等职。离职后任铁路学院名誉校董。1922年退隐天津，是民国时期京津文坛重要的遗民文人。平生著有《十朝诗乘》《清词玉屑》《竹轩摭录》《庚子诗鉴》《遁圃詹言》《龙顾山房诗集、骈体文钞、词钞》《洞灵小志》等。小说《红楼真梦》(又名《石头补记》)是《红楼梦》续书中最有影响的著作,由北京大学出版社印行。

许钟璐《清故诰授光禄大夫头品顶戴赏戴花翎署浙江提学使司提学使侯官郭公墓表》里说,郭则沄"曾祖柏荫公,在咸同间,以翰林历抚吴楚,总制两湖。祖式昌公,以孝廉仕至浙江按察使,有惠政,人称为郭佛。考曾炘公,以翰林久直枢廷,历官典礼院掌院学士、太子太保,谥文安。有丈夫子三,公其长也"。又说:"公博学能文,虽颠沛忧危之际,未尝朝夕废文字。在天津,结冰社、须社、俦社。在旧部,结钵社、律社。与一时硕彦耆儒商量旧学,皆推公为祭酒。尤以立诚持毅守约居仁行恕主敬知耻之学,身体而力行之,兼以课士。"

有人说郭则沄"是清末福建科第名公。与王可庄(仁堪)相伯仲,而时代略晚。但其仕途一帆风顺,与可庄以恃才忤刘坤一,为坤一所抑,悒郁以终,大不相同。由于则沄既不滥交,也不参与政治活动;北京本来是王城似海,1927年国都南迁,也还是人才辐辏的文化中心,大家也就不觉得有这一位朝市大隐。则沄得以悠悠林下"。

须社主持人郭则沄

郭则沄学识渊博,尤雅好诗词。他多年生活在天津,不但在津发起成立了须社等团体,也参与严修等人倡建的城南诗社的诗词创作。1936年刊刻的《清词玉屑》即为郭则沄所撰，该书属于“词话”性质，书中不少内容涉及他在天津的活动，也记载了20世纪二三十年代天津的风情景物。如该书卷十二称：

郭则沄撰《清词玉屑》

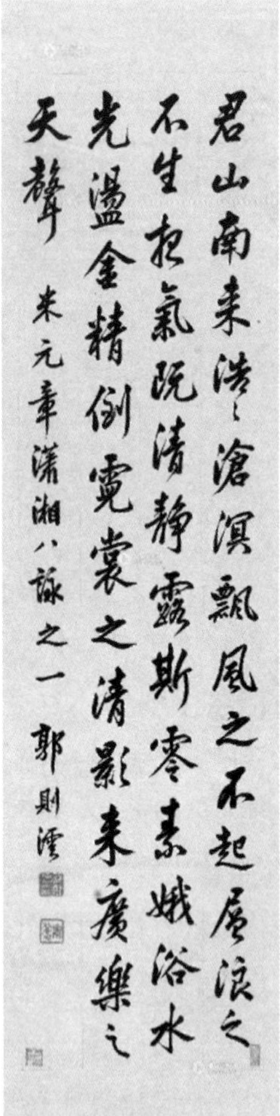

郭则沄书法

“合肥李文忠（李鸿章）久镇畿辅，身后遗爱不衰，津人至今呼总督旧廨曰中堂衙，其专祠在河北，别院海棠花时著胜。”又如：“天津海光寺旧有行宫，毁于庚子之乱，其先更有柳墅行宫，庚申已毁，尝于其址建武备学堂，再毁于庚子，今为海河公园，宫础尽淹，惟荒池一角，中有方洲，老柳数十株绕之，逭暑尤胜，余居沽上屡涉之。”

郭乃饱学之士，长于经史文章，又工书擅画，书风遒丽灵巧，不甜俗不呆板。且喜蓄砚，写字悬肘，不藉几案，与方地山、袁寒云相同。曾见郭的一行书题跋，写得平和典雅，灵动美丽又含力度，和穆雅致却无平淡呆板之嫌，有意无意间营造了一种特殊的意境。上款为“式之老兄同年属题即正”，下款为“辛未腊八日则沄”。式之即章钰（1865—1937），辛亥后，迁寓天津,潜心学问,主崇化学会讲席数年。“辛未”即1931年,正是两人在津相处的年月。

郭则沄主持的须社,其最后一次雅集则在辛未年(1931年)五月,地点是杨寿枏的云在山房。杨寿枏《须社百集觞客小启》一文称:“是日会者客五人:闽侯陈弢庵宝琛、天门陈止存思澍、宁海章一山梫、常熟言仲远敦源、闽侯何寿芬启椿。主十二人:遵化李子申孺、长洲章式之钰、闽侯周熙民登皞、无锡杨味云寿枏、吴县徐芷升沅、秋浦周立之学渊、贵阳胡晴初嗣瑗、天门陈仁先曾寿、济宁许佩丞钟璐、闽侯郭啸麓则沄、宜兴李又尘书勋、黄陂周君适伟。社友他适者四人:长沙郭侗伯宗熙、闽侯林子有葆恒、保定王叔掖承垣、商邱陈葆生实铭。社友已逝者二人:宛平查峻丞尔崇、白栗斋廷夔。”此次社集,须社词侣二十人中有十三人出席,五人离开天津,(唐兰于1930年也离津)二人离世。百集之后,随着社友的星散,须社最终完结。

须社词人聚津门

须社在词学旨趣上推尊南宋词，以朱祖谋、郑文焯为导师，其创作典型体现了遗民文人的诉求。其创作风尚以郭则沄的诗词最具代表性。

郭则沄常以咏物寄托对国变乱局的忧虑。其《壶中天》(咏残棋)云：

> 几番柯烂，叹纵横黑白，无多残子。赌取宣城无好手，两字全输而已。蚁阵桓桓，蜂笼吪吪，劫后须料理。吴图重复，棘门元是儿戏。 闻道旧日，长安侧楸，重整朝暮看悬帜。破碎河山收局否，丘貉纷纷空计。鹦鹉凭呼狻猊，待乞檐雨秋灯里。却占星象，敛秤还望佳气。

此词陈宝琛和作下片有云："兀自坐烂樵柯，神州累卵，眼看全盘错。大好河山供打劫，试较是非今昨。"军阀混战造成了国家破碎动荡，须社词人对濒于毁亡的大地神州的未来命运充满了忧虑。此亦如词学泰斗龙榆生先生所言："鼎革以还，遗民流域于津沪间，又恒借填词以抒其黍离麦秀之感，词心之酝酿，突过亲贤。”

《北洋画报》曾刊出郭则沄的诗作，也可看出其“感沧桑国变，追昔时岁月”之意。《重晤立厂述怀奉呈》见于该刊1931年3月26日第602期。诗云：

冲寒关塞远，相望几登楼。才尽羞焚砚，身衰怯卸裘。余生亦枯槁，有托且淹留。跬步浑成懈，多惭说壮游。

《蛰园赏牡丹同人限江韻》见于《北洋画报》1932年6月30日第798期。诗云：

谢客门闲断吠龙，绕丛喜听足音跫。应刘有泪开残社（余先有诗追悼志盦），姚魏何心落陋邦。旅燕归迟春冉冉，惊鸿过影水淙淙。酒人散尽东风晚，一枕清阴卧楮窗。（蛰园庐后有老楮，曩以楮窗名集）

几日骄春一雨降，抱香残蝶亦心憽。十分开处当吟榼，诸色空时近佛幢。（余今岁始持佛。）汉帝盘倾铅琐碎，洛妃佩解玉琤玐。夸张北胜终多事，听取庭花唱隔江。

前文提到的章钰（式之）也是须社成员，他是江苏长洲人。1904年甲辰科进士，于经史、辞章、金石、考据各门，无不博洽专精。曾任苏州学务处监督，筹划兴学，创设初等学堂40余所。后入南洋、北洋大臣幕，以劳保加四品衔，调外务部，充一等秘书，兼京师图书馆编修。移居天津后，不复问政事，遍校群书，丹铅不离手，奇僻之书，必辗转传录。尤精《资治通鉴》，致力校勘。撰出《胡刻通鉴》校记七千数百条，编定为《胡刻通鉴正文校宋记》30卷。1914年被聘为清史馆纂修，主纂乾隆朝《大臣传》《忠义传》《艺文志》等。曾校《钱遵王读书敏求记校证》《五代史》《契丹国志》《大金国志》《三朝北盟会编》等，著有《四当斋集》14卷。家有藏书3368部，计7.2万余卷。1937年病逝于北平。

章钰曾作《寿范孙先生六十初度》：

国以吾道存，道必斯人寄。彼昏坐不知，乘时徇权利。自有天概之，君子置不议。独念我中夏，神圣迭为治。利用而厚生，正德为先事，民德曷以正，邹峄定职志。亲亲斯仁民，爱物抑其次。亲疏有大分，本末毋倒置。大为天下防，犹惧或狂恣。罡风海外来，物论忽然异。谓彼博爱方，雅得大同意。教者揉升木，受者鱼上饵。旦旦作输攻，阳阳立汉帜。充其愿所偿，夺席到洙泗。此岂细故哉，洚猛比奚翅。堂堂严夫子，人师挺燕冀。夙肩教育任，广大更诚挚。一言群为宗，一动群为企。名教赖担承，风会赖鼓吹。今岁寿六十，纷焉献文字。走也侪津桥，韦弦托幽贽。顾凡琐琐者，举似殊不类。愿如韩昌黎，卫道觉群寐。愿如刘念台，证人醒众醉。愿如廉希宪，正学昌北地。独受孔子戒，以距邪与诐。从云为之龙，率马莫如骥。与世开太平，天必福之备。贱子惘时变，身世甘两弃。空抱万古愁，志在气不帅。自非第一流，难证第一义。拜手上徽言，敢以文为戏。

章钰先生与严修先生交往颇深，他也是城南诗社成员，且深受严修推重。在天津，他受严修、华世奎诸人延聘，主讲天津崇化学会，订立学程，又手书“学海”匾额悬诸崇化堂中，勖学子“潜力治学，储才备用”，其用意深矣，亦良苦矣。早年师从式之先生的著名文史学者郭霭春有诗曰：“四当斋内老经师，避地于津人莫知。幸有严陵寻伏挺，继规学海更张之。”诗中的“严陵”即指严修诸辈。章钰的这首长诗述说了严修的为人和对文化、教育事业的开拓和贡献。

周学渊(1878—1953)，原名学植，字立之，晚年自号息翁，安徽建德（今东至）人。两广总督周馥第五子。应光绪癸卯(1903年)经济特科，廷试二等。由廪贡生于光绪二十三年报捐郎中，二十七年报捐知府双月选用并捐花翎。因随醇亲王出使德国，奏保免选本班以道员分省补用并加三品衔。曾任山东候补道，山东高等学堂、山东师范学堂监督(校长)，山东调查局总办等。周学渊为人潇洒不羁，工诗能画，不以仕途为意，专好结交文人雅士。著有《晚红轩诗存》。此公在须社中当属“第二号”人物，在须社的影响仅次于郭则沄。1947年曾作《齐天乐》，生动描述了彼时津门词坛的盛况。词曰：

近来沽上多词客，雍容海天春色。忆我当年，曾陪俊侣，别奏花间箫笛。而今算得，叹青琐情空，玉霄人隔。七子风流，又开坛坫大河北。

十年烽火寂寂，喜瑶华一卷，分鼎联璧。梦月章新，空青格隽，何让鸳湖才力。裁红剪碧，有前日巴东，莱公词笔。再见升平，水西怀旧迹。

20世纪40年代，天津相继出现了几个词社，其中最有影响的则是梦碧词社。该社成立于1943年夏，青年词人寇泰逢发起并主持，先后参加者达八十余人。社友推崇南宋词人吴文英(梦窗)和王沂孙(碧山),作词吸取吴、王辞美律严的形式美,学习他们用笔幽邃、炼字炼句的功力,同时吸取辛弃疾词纵横挥洒、慷慨激昂的气势。抗战期间,艺术大师徐悲鸿所作《谢梦碧词社赠词刊》诗,有"要为民族扶正气,短吟微叹化风雷"之句,概括了梦碧词社词友们所作词含蓄、妩媚的特色和他们那种忧国忧民、不甘于当亡国奴的心理状态。周学渊的《齐天乐》对梦碧词社的崛起表示由衷的赞叹。

李孺,字子申,河北遵化人。汉军籍。光绪十一年(1885)举人,以道员候补湖北。后居于天津。能诗善画。花卉松梅,笔姿豪爽。他是须社成员,也是城南诗社的骨干。

李孺曾作《为言二仲远画岁寒三友图并系以绝句》:

顷培天意本难知,劲节贞心要自持。
寂寂空山风雪里,众芳摇落已多时。

《又题》:

苍颜绿鬓映娇红,啸傲冰天雪地中。
不藉东方嘘拂力,摧残更不畏西风。

"言二仲远"是言敦源,人称仲远公,江苏常熟人,是清末民初著名诗人、政治家、实业家。他是孔子七十二弟子之一言子(子游)的八十一世孙。曾为代理内务总长、代理总长官职,后辞官投资天津工商业,成为津门儒商。言敦源家学渊源,诗文功底深厚,文采出众。以吟诗作画自娱晚年。日常与严修、李叔同、翁克斋等津门名士唱和往来、抒志咏怀。同时热心社会

唐兰先生小照

公益事业，资助兴建南开女中。严修曾提及“北洋旧僚唯我和言敦源不爱官”。李孺为言敦源所绘《岁寒三友图》是咏物喻人，实为以题画赞这位“仲远公”。

唐兰(1901—1979)是中国近现代著名的文字学家、历史学家、青铜器专家。出生于浙江嘉兴，终生从事教学及学术研究，论著甚丰，对金文、甲骨文等古文字学、音韵学、训诂学、古代史学等诸多领域都造诣很深，且治学严谨，学术创见甚多，对所及领域均有很大贡献。唐兰在20世纪20年代就精研了《说文》《尔雅》等典籍，30年代著有《古文字学导论》《中国文字学》。20世纪40年代专门研究过战国文字和战国史。先后在东北大学、北京大学、北京师范大学、清华大学、辅仁大学、西南联合大学等任教任职。后入故宫博物院任学术委员会主任、陈列室主任、美术史部主任、副院长等职。后任中国科学院历史研究所学术委员、中国古文字学术研究会理事等职。1974年发表了《黄帝四经》《战国纵横家书》《春秋事语》《西周青铜器铭文史征》。

唐兰曾从上海陈蝶仙主办的韧园编译社学习诗文，精于诗词、书法。同时对美术史也颇有研究。1924年到1930年他在天津周家渊家当家庭教师。1929年在天津主编《商报》文学周刊及《将来》月刊。在天津期间，他也是须社词侣。1930年7月

31日第505期《北洋画报》刊其《虞美人·八里台泛舟》云：

垂杨深处菰蒲岸，暗引荷香远。一双艇子恨来迟。已是夕阳红尽落花时。

多情且莫频频来，留得残花在。花时犹可足清欢。只恐少年容易换朱颜。

1929年4月11日第304期《北洋画报》刊唐兰《西沽看花》诗云：

昨日征帆至，今晨约看花。驰驱十余里，数枝滨水涯。
心赏宁在多，片片绚明霞。兹晚且言归，重探期非赊。

西沽在天津城北北运河畔，其地以桃花著名。该诗有小注曰："适自南中至，武越（即《北洋画报》创办人冯武越）等约游西沽看桃花，以春寒故犹未盛开也。立厂初稿。"

多年从事诗词学、中国文学批评研究的昝圣骞先生在《论民国词人郭则沄与京津词坛》一文对须社和须社词人做过如此评价：

在政治色彩浓厚、群体构成复杂的民国京津词坛上，郭则沄凭借首屈一指的号召力、活跃度和贡献值成为词坛主盟。他集两朝政要、忠实遗老、世家子弟和文化精英等多重身份于一身，活跃于词坛二十余年，见证并推动京津词坛由清末民初的萧条走向二三十年代的繁荣，在京津词社发展过程中也起到了不可或缺的串联作用。郭氏主持的须社及所刊行的社集《烟沽渔唱》，是京津词家群体创作的一次集中展示和保存，也是京津词坛进入繁荣期的标志。其《龙顾山房诗余》不受梦窗风的牢笼,以雅丽哀婉的词风自成一家。郭氏还在《清词玉屑》中推出并实践了"词以庀史"的思想,发展了传统"词史"观。民国词研究应该从一开始就避开"重南轻北"和"重新轻旧"的误辙,给予郭则沄这样贡献卓著且代表性极强的词家应有的关注。

有人说,须社人的作品是 20 世纪初中国的一批传统的文人用传统的文体表现传统的思想内核。其观念是守旧的,其形式则是高雅的。古典的文学形式今天依然可以发挥作用。

朗朗如山管凤和

20 世纪二三十年代，吴家窑与八里台之间的贺家口引河南岸有一座“新农园”(又称“观稼园”),它依傍水面,水中建小岛,茅屋草舍、石笋假山、松树农田、长廊流泉,与罗开榜的罗园相邻。诗人张玉裁 1927 年有《秋日宴集观稼园分韵得客字》诗:“斜穿吴窑村,忽见幽人宅。环以衣带水,虚室能生白。”在其 1929 年所作《九月杪管君洛声约秀漳诗癯纬斋仲莹实之翼桐及余乘舟同往罗园看菊有作》中,又有“君言咫尺有罗园(主人罗姓皖人),黄花烂漫难与比”的诗句。陆文郁先生在《天津书画家小记》里说:“管凤和字洛声。武进人,寓津,家焉。喜书法,又为名诗家。于八里台居住,临水建‘新农园’。与严范孙等组织城南诗社,每当春秋佳日,聚津地内外名诗家于其园中,为吟宴畅游之叙”,“洛声和易近人,无名士骄矜之习。卒年七十余”。

作为新农园的主人,管凤和的人生非同寻常。他生于 1869 年,卒于 1938 年,原籍江苏武进。清末民初地方官,学者。据称,华渡管氏家世显赫,代有谱传,始祖乃齐国名相管仲。自北宋末年华渡管氏先祖皇佐公随圣驾南迁临安，后定居武进华渡里彭头墩算起,迄今近900年,子孙繁衍三十余代。华渡管氏人才辈出,其中管绍宁、管干贞、管世铭、管凤和、张致祥(管亚强)五人,堪称常州“管氏五杰”。

清光绪二十年(1894),管凤和在营口道善联幕中任事。日军入侵,紧逼营口,形势危急,他坚持职守,得到善联赏识。光绪二十八(1902)年到直隶任知县,办事干练有卓见,后至军政司助理政务。光绪三十一年(1905)到边疆军事要地海城任知县。他据理交涉,使日、俄驻军撤退,妥善接管政权。为振兴教育,创办师范,兴建小学堂,将庙宇改成校舍。还陆续办起自学会、商会、地方银行、劝学所、图书馆、森林公园、农业试验场、卫生医院、戒烟局等。为改革吏治,亲自接受群众呈词,及时处理,平反许多冤狱。且办《海城旬报》,为推行新政做宣传。在海城任职三年,政绩卓著,社会安宁。光绪三十四年(1908)升任新民府知府,编纂成《新民府志》。宣统二年(1910),任奉天高等审判厅厅丞,曾去日本考察司法,著有《四十日万八千里游记》。东北发生鼠疫,他主持防疫事务,采取有效措施,防止鼠疫蔓延。事后,晋升为道员,加二品官衔。次年任劝业道官职。因蒲河连年泛滥,为此设立水利局,引水入运河,开辟沿河低洼荒地为水田,指导当地农民种稻,著《蒲河种稻概要》一书。

辛亥革命后,主持天津造币厂,他考订古今中外币制沿革,写有专著。又主持顺直河工程,开辟沿海土地三万亩,种植棉花、水稻,使群众长远受益。他学识宏博,办事果断。每办一事都写成专著,广为传播。勤于学习,操守廉洁。1914年他担任直隶第一中学监督。1921年入城南诗社,与严修等社会名流以诗会友相互唱和,过从甚密。后在城外八里台至吴家窑一带买了一块地,在城南贺家口引河之畔建了一个带花园的农家别

管洛声晚年在新农园

墅，取名“观稼园”，人们习惯称之为“新农园”或“管园”。新农园不仅栽种各种植物，而且还建有鸡场、兔舍。管凤和常在此举办茶会、酒会。

“自客津桥旁，酷肖陶彭泽。门垂柳五株，田有禾三百。”管凤和的这几句诗，是他在天津退隐生活的写照。“结庐南郭南，只有书堪读”，颇似“心远地自偏”的陶渊明。亦如陈宝琛《次韵管洛声移居》诗云：“世局如棋从反覆，禅心似木孰荣枯？秋风已过莼丝老，沈陆稽天漫忆吴。”

在新农园，他种植花卉、树木、蔬菜、果树，养蜂，养鸡，养兔，研究栽培和饲养技术，编印《新农园月刊》，并编纂《北戴河志》。陆文郁说，管凤和性喜劳作，在园内养蜜蜂多箱，取蜜分房之事，躬自为之。饲养“来客亨”鸡、“安国乐”兔，勤劬处理，兴致勃然。陆文郁先生提到，他曾两次到“新农园”，但见“布置井井，俨然农家也”。据王伯龙撰文称，管凤和对于饲鸡饲兔，不遗余力，专从欧美、日本订购了数十种饲养类刊物，请人翻译，整理出饲料、栖所、管理、卫生等方面的最先进方法和技术。天津最优质的鸡蛋仅此一家，因此，各医院和外国侨民咸来争购。鸡场规模虽称不小，但仍供不应求，每日清晨六点，购买者便已在园外排队守候了。1936 年 9 月 30 日出版的《语美画刊》上，有一篇由雪庐撰写的《安国乐兔》一文，详细记载了管园主人饲养家畜的情况。

也许是受到了与之毗邻的罗园主人罗开榜的影响，管洛声同样喜欢艺菊，他从日本引进了籽粒种植法和人工授粉技术，从而使菊的品种越来越多。他还经常与罗开榜一起研讨艺菊之事，并与城南诗社诗友一起观菊、赏菊、吟菊。其子管思强于 1929 年 11 月 3 日刊发在《北洋画报》的《艺菊谈》一文，专门介绍了新农园艺菊的经验。

虽有文酒之会，又勤于农事，却不误临池。管凤和善书画，书法古拙典雅，颇有北碑气息。他常受人之托，为友朋或商号书写条幅和匾额。大约在民国十五六年间，有位广东籍商家准备在天津开饭店，因想与德商的“起士林”竞争，取字号为“快活林”。商家知管凤和大名，于是请他题写匾额。管凤和以为“快活林”乃《水浒传》中酒店名，中有武松、蒋门神、张督监诸人，况且酒店开业不久就被打得落花流水，酒店若取这个字号殊为不当。故对商家说：“诗词中吉祥文雅词句甚多，不如另选。”商家颇以为然。取何名为好？就叫“福禄林”吧！该酒店最终命名为“福禄林”。“福禄林”的大匾一挂出，酒店人来人往，果然生意兴隆。

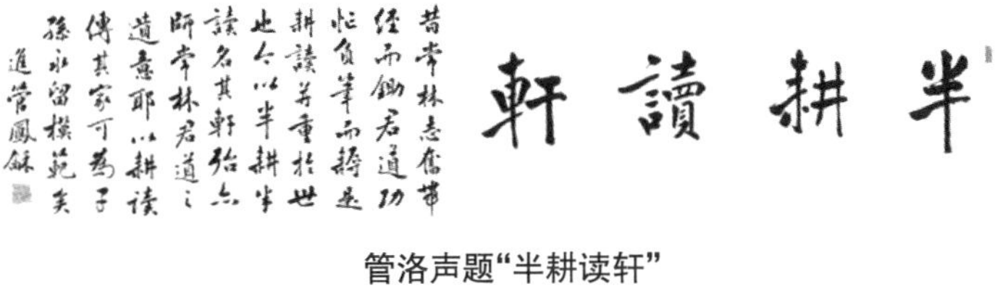

管洛声题“半耕读轩”

早年间天津南市首善大街上有一家名为“醉仙居”的酒馆，小酒馆门前刻有这样一副楹联牌匾，上联是“世路难行钱作马”,下联是“愁城易破酒为兵”。比喻得贴切恰当,足以反映出真实的社会和世象,可谓情趣盎然,耐人寻味。尤其是那些识字不多的黎民百姓,读过后也会感叹一番,对联上的话语深入人心,口耳相传,不胫而走,竟然成了天津卫流行的大众口语。这撰写对联的人也是管凤和。

管凤和在天津还曾开办过宣传进步思想的书店——利亚书店。这是一家成立较早的书店,所销售的书籍有《海城太守白话报》《唱歌三百首》《新女界杂志》《小学管理法》《中等算术教科书》《日俄战纪本末》《新兵教育》《历代法制史》《新理教科教员用书》等军事、法制等方面的书籍,以及报纸、杂志及教科书等。20 世纪 30 年代,书店由管凤和接办,并逐渐扩大营业范围,除了销售书籍外,也代售名人字画,甚至是一些古董珍玩。这虽然给书店增添了艺术氛围,但也成为不法分子注意的对象。1933 年 3 月 16 日的《北洋画报》上就曾报道过《利亚书局之窃案》。案发于 1932 年 10 月,作案者是有组织的团伙,先行多次踩点,了解环境,计划路线。作案时以购书为名,吸引店员,趁其不备。另有人便将一只清代康熙年间的瓷瓶窃走,由后门溜出。幸得警方全力侦查,最终破案,将罪犯绳之以法。

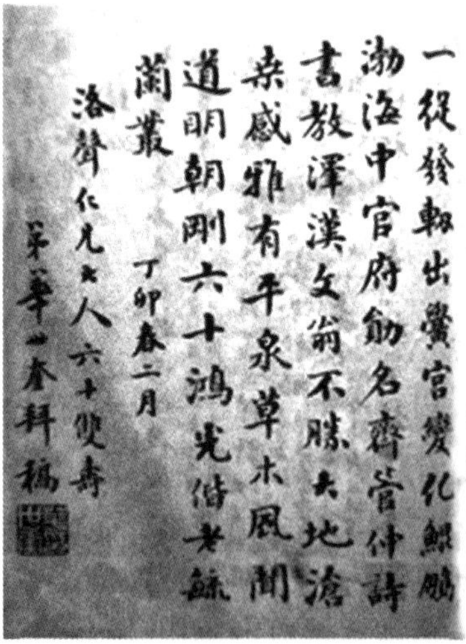
华世奎书赠管洛声六十双寿

在管凤和六十华诞之际,严修特作《寿管洛声六十》，赞其品性与操守：

我初识管君，去今十五载。朗朗如玉山，照人发光彩。宪陂化玭吝，瑜醪消块垒。简要而清通，似戎亦似楷。吾姻卢叟言，君名盛辽海。来暮新民守，去思海城宰。美政逐年新，先劳无倦怠。因民利所利，财阜愠斯解。省方被豸绣，远谟宏有待。方当秉节钺，行且调鼎鼐。岂期国步移，岁乃逢辛亥。遁世固无闷，止足不辱殆。显晦道虽殊，匡济志无改。垦荒辟榛薉，育才擢兰茝。圜法复河工，贤劳反十倍。凡君所设施，粲然名迹在。沧江近高卧，卜筑临渤澥。联峰有别庄，所居尤爽垲。今年年曰耆，今德宜寿恺。佳辰二月中，杏园花蓓蕾。兕觥竞称祝，玉壶春可买。偕老鸿与光，庭阶纷戏彩。郎君来征文，吾文岂足采。倘须引玉砖，当筵请始隗。

群贤宴集新农园

新农园幽雅且充满了野趣，又因其主人具有极高的文化素养且热情好客,这座私家园林便成了文人诗家的雅集之所,成为津沽高雅文化的渊薮。

新农园其实也是城南诗社的一个活动中心，前来宴集的有城南诗社社友,也有须社成员,他们留下很多脍炙人口的诗词佳作。

王武禄《集新农园分韵得尽字》(见 1929 年 11 月 26 日第 415 期《北洋画报》)云:

> 鄙儒枯寂亦可哂，坐断寒氈百能忍。忽闻物外有清招,强拔肥甘觅蔬笋。时哉众菊正盛开,花事不随秋共尽。物聚所好理信然,隔河冷艳还相引。嗟哉陕境患奇荒,中州又复横戈盾。我辈犹能鼓腹游,固应破涕成一辴。朗日于人实有恩,当前顿释西风紧。短歌聊寄白雪吟,喟然深愧凌空隼。

严修先生有数首新农园雅集诗作。其《小满日社集管洛声君之吴窑观稼园分韵得影字》云：

吾社有常期，一月两合并。恒虑市楼喧，不适静士静。（某年社集，幼梅丈有句云“座间狂生狂，又有静士静”。）管君有别墅，临流富清景。先日亲招邀，及期纷造请。前巷达轨辙，后溪停舴艋。迎风陇麦香，映日坞花影。小阁俯青郊，平畴环万顷。诗人郁诗兴，对此争一逞。入门笔砚忙，列坐杯盘整。酒罢复联吟，竟夕趣弥永。年年八里台，泛舟共游骋。岂期一水通，别有此佳境。管君江左彦，久客辞乡井。池馆几经营，烟霞凭管领。人杰地乃灵，地亦有天幸。当日无巢由，谁知箕与颍。

《洛声招饮余以小极未赴越日闻席上分韵余得好字》云：

城居厌市嚣，村居苦兵扰。吾友观稼园，择地乃恰好。半村半郭间。翛然出尘表。扶疏树欣向，曲折木环抱。今年首夏时，眼福吾既饱，入秋景益佳，黄花映红蓼。主人敬爱客，招邀萝径扫。我适忧采薪，坐上一人少。分韵不见遗，似防规避巧。辗转寄吟笺，郑重索诗稿。主宾皆豪俊，当筵斗才藻。况有鲁灵光，归然一国老。（陈太傅是日首席）德望汉太丘，诗名宋师道。侧闻出余枝，已足十人了。（闻是日太傅诗钟合坐倾服）。不才等自郐，小巫小更小。岂有持布鼓，而敢雷门造。为避金谷罚，厚颜强属草。听此巴人歌，群公当笑倒。

诗中所言“国老”“陈太傅”当是指帝师陈宝琛。

管洛声构筑的新农园，天津诗人吟咏颇多，据称有一次雅集来者近四十位。在管洛声的引导下，众人参观了养鸡场。参观后，主人殷勤招待，美酒佳肴盛情款待。席间，众诗词家再次分韵赋诗，以助酒兴。行前，每人获赠“来客亨”鸡蛋两枚，以为纪念。陈诵洛《今雨谈屑》记曰：民国十六年春，管洛声招饮新农园，同座年少者除陈氏外，尚有乔信孙、彭醇士、李凤石，严修称之为“四杰”。这“陈氏”即是陈诵洛本人。《今雨谈屑》还讲了一个笑话：诗友刘云孙不应管某之约，说他自己名“赓垚”与“吴窑”犯向，“无垚”有类语谶。另一位诗友李寱盦则说，这是刘的夫人怕刘于主宾酬酢之间饮酒过量，找借口不让他去。李寱盦戏赋一绝句柬之曰：“柏人汉帝不停轺，墨子闻歌厌在朝。今为先生雄意气，吴窑合唤作扶摇。”并说，夫人之言有可听者有不可听者，请刘云孙你自己决定吧。

管洛声书法扇面

《今雨谈屑》还记述说：新农园之聚，洛声出素嘱签名，但必得缀一即景成语其上，字必自己书写，其目的是为“存真”。严修题曰：“园日涉以成趣。”吴子通题曰：“人生行乐耳，须富贵何为？”于馥忱题曰：“一觞一咏亦足以畅叙幽情。”赵幼梅题曰：“卿辈亦娱人之一物，岂特鱼鸟而已。”陈一甫题曰：“池荷闻暗香。”王占侯题曰：“后天下之乐而乐而乐。”李寱盦题曰：“竹里静消无事福，花间补读未完书。”任瑾存题曰：“万朵红莲礼白莲。”陈诵洛题曰：“花为四壁船为家。”这种签名的方式也真是别开生面。

管凤和曾邀天津闻人高凌雯前往游览，高因路远未至，特作《洛声约饮新村以路远天色不佳谢之以诗》二首，其二云：“闻君营小筑，乃在水中央。临流看鸥浴，因风泛荷香。界地开菜圃，垒土起林岗。踞地草亭高，闲地歌沧浪。伊人在何所，四望迷苍苍。”高凌雯还以《诗经》蒹葭寓意，为新园命名蒹庄。其后管又两次邀请，高凌雯作《丁丑上巳洛声约饮新农园以天色不佳未往主人代拈路字索诗》，中有“具柬屡开尊，三召无一赴”。

高凌雯的《管洛声约新农园修禊饮分得野字》最为精妙。该诗将新农园的美景勾画得惟妙惟肖：

> 结茅以为庐，斫竹聊当瓦。拔地石笋卓，迎面木山假。熟读种树书，稚松已拱把。开轩面南圃，有室独深雅。回身步长廊，流泉在其下。

与管凤和有诗酒往还的除严范孙、赵元礼等大家外，尚有其他学界名流，如王纬斋、马仲莹、马诗癯、张翼桐、张玉裁等。据文史学者侯福志先生讲，1929 年 9 月，张玉裁、马仲莹应邀来到新农园，“折柬招我游，言赏园中菊”。过了两三天，管凤和又邀请马诗癯、王纬斋、张翼桐、张玉裁、马仲莹等到对面的罗园观菊，故张玉裁给后人留下了“是时秋色正潇洒，争问菊花开何似”的佳句。一年之后的 1930 年秋，管凤和又在新农园宴请众师友，张玉裁在《九月晦日管君洛声觞客寓庐分得送字》一诗中记载了此事："罗园看菊归，幼安远相送。忽忽一年前，此事殆如梦。今来就菊花，一饮各思痛。壁间觅旧题，似入白云洞。乃知幽人居，邈不同于众。纷披书万卷，潋滟酒一瓮。醉归不生寒，题诗且呵冻。"

管洛声本人亦多有诗作。如 1937 年他作《北洋画报十一周年纪念》云：

天孙云锦巧无伦，美象包罗为写真。
好语如珠穿一一，更教花样日翻新。

七七事变，新农园在日本侵略者的炮火中被毁，次年管凤和去世。

胜芳张镒喜沽上

早年贺家口引河八里台西南有一片荒洼苇塘,20 世纪 30 年代,居于天津的胜芳人士张镒经过整修,建起了临水平台、连廊、居室等多间建筑,并栽植了荷花、杨柳等植物,景色极为优美,取名水香洲,一时成为诗家学人的雅集之所,在天津的历史文化中写下重要一笔。据载,水香洲距天津城约八里许,位于南开大学之旁,占地八十余亩。其间“鸥汊星分,鱼乡水绕”“老树缘流,半为杨柳,青庐作畔,时出芰荷”,是民国时期天津难得之佳境。

张镒字蓟之,号仲金。河北省霸州胜芳镇(原属文安县)人,生于清光绪元年(1875)。据《文安县志》记载:张镒,附生,山东补用县丞,累保同知,知府,分省补用道,花翎二品衔。在直隶校阅陆军第四镇异常出力。奉旨特赏三代从一品封典。历充直隶臬署,藩署内委,山东抚院文案,山东商埠局会办,津浦铁路总收支。张镒多年为官,官至道员二品,心怀济世之愿,但因朝廷腐败不堪,无法遂其志。他辞官离任,在天津进行实业开发,苦心经营,积累了大量资金,在天津已居大富翁之列。但他从不张扬,也不贪图享受,更没有为子女购置房产地业,而是将全部财富存入银行。

他一生热爱家乡，为胜芳的文教、民生、救灾等公益事业做出了很大的贡献，是胜芳八大家中张氏的代表人物。据记载。从1917年到1929年，为救济受灾无食的乡民，他一家就开设“粥厂”七次，累计耗资数千银圆。在他的带动、组织下，胜芳士绅亦多有开粥厂济贫民的善举，使成千上万的饥民得以存活。民国九年(1920)以后，连续九年干旱，中亭河水逐渐干涸。很多过去吃河水的居民转变为吃井水。当时胜芳只有三口水井，即南浮桥头的南井，孟家公馆后身的北井和现在胜芳中学墙外的东井，整个西部则无井。这些井都是早年土法打的只有两三丈深的浅井，靠这三眼浅井，供应胜芳数万居民，显然是杯水车薪，每口水井旁边都排着等待挑水的长龙，打一桶水需要等半天。面对乡亲的困难，张镒毅然独自出资近千银圆，聘请天津钻井勘探队和技师，用当时最先进的西洋方法，在西部“万选堂”外，用钻井机打了一口深几十米的机井，当时被胜芳居民称为“洋井”。洋井有机器抽水，出水量大，供应充足，解决了胜芳西南部乡亲的饮水困难，乡民无不称颂其德。民国九年(1920)，为助文安县重修县志，张镒捐款五百银圆。

1924年，为发展家乡的教育事业，为打破封建传统，使广大妇女走上自新、自立、自强的道路，张镒决心兴办女子学校。他将其所办女学命名为“万选女子学校”，其意为进入该校者，都是千里挑一、万里选一的优秀精英女性，都会有远大的前程。据《仲金捐资兴学碑》记载，张镒把在天津办实业和几十年为官积存下来的钱都用于买地、建校舍、买教具、聘教师，先后投资四万余银圆。来校求学的女性，不仅有胜芳人，还有临近各县之人。碑文记“四乡临邑，闻风贫笈来集，先后卒业于校者，濒千人，可谓盛矣！”贺龙元帅的夫人薛明，就是该校毕业生。

1934年，军阀混战，政局大乱，再加上积年以来，不是水灾就是旱灾，外加虫灾，霸州及周边各县，饥民成群，且盗匪横行。胜芳南部是百里大苇塘，北部是水网沼泽，正是匪盗栖居之地，经常有小股土匪进镇来抢掠百姓和商家。胜芳乡绅议定在胜芳周边修建土城墙，建保卫队防守。张镒带头捐款两千银圆，为全镇的安全做出了贡献，广得乡民称赞。

张镒生于大富之家，自己又善经营，积下万贯家财，而本人则生活简朴，不慕宴乐，不尚奢华，就是祖传的住宅张家大院，也是因事故才于20世纪30年代进行了小部分修建。而把大量钱财用于赈济灾民、兴建学校、为民打井等慈善事业，胜芳人都说他因做慈善事业把所有的积蓄几乎消耗殆尽。在其逝世后，胜芳乡民特为他竖立了一块纪念碑，称其为“大仁大善之人”。如今人们来到胜芳仍可看到张镒留下的“张家大院”。

张镒故宅——胜芳张家大院

张家大院始建于清道光十年(1830),共有房屋51间,总占地面积1648平方米,建筑面积1015平方米。此大院为四进院落,从敞亮的北门出进,东侧一、三进两院略带西洋风格;西侧二、四进两院为中国传统建筑,四个四合院靠小门、回廊相连和贯通,是一座中西、南北、官民三结合的北方水乡典型的清代民居建筑,与江南"一颗印"式的建筑风格异曲同工。在房子的正檐椽、坨头,沥粉贴金的万字图案、精妙的连珠箍头彩画,显得富丽堂皇;在房子的盘檐、两侧过道、大门门鼓,做工精细的砖雕栩栩如生,呈露出中西合璧的气韵。2001年,这个院落被当地政府确定为市级文物保护单位。

张家大院是一个红色的大院。在平津战役中,这里曾是中国人民解放军的指挥所。天津广播电台第一个声音、新华社天津分社的第一张报纸均发自这里。1948年底,中共天津市委书记兼军管会主任黄克诚,在此院为即将进津接管的七千余名干部做培训动员。那些意气风发的干部们,就是从这里走向了百废待兴的天津城。固安作家孙东振撰有《张家大院——胜芳人民的红色荣耀》(刊于2019年2月25日《廊坊日报》)一文,回忆起这段历史说:"我们可以想象,胜芳镇里住满了身着黄绿色军服的解放军干部、教师以及商人模样的人,他们不少人戴着眼镜,上衣兜里插着钢笔。他们身上满是征尘和硝烟气味,很多人从未去过天津这个大城市,好多人熟悉的是乡村斗争,是堡垒户和游击战,他们绝大多数缺乏与城市打交道的经历和经验。他们按照未来的分工集中在不同的院落里,听东北赶来的30名同志介绍接收沈阳的经验教训——在这方面他们就算是专家和学者。"

远绍水西水香洲

张家本来世居胜芳镇，张镒归隐后也曾居于乡里，缘何至天津寓居、在天津构建“水香洲”这座私家园林呢？其《水香洲小记》有云：“余家世居直隶文安之胜芳镇，胜芳称水国，风物绝类江南。顾自国变以还，萑苻弗靖，往往啸聚于此。余不得已舍其平昔钓游之地而徙居沽上，盖越二十年矣。”由此可知，民国初年胜芳镇“萑苻弗靖”，草寇、盗贼频频啸聚于此，百姓生活不得安宁，张镒也难以实现当初遁隐之初衷，不得已而徙居津沽。《水香洲小记》作于民国二十三年(1934年)，据此可知，张镒在民国初年就已经寓居津门了。

张镒寓居津门后，于“城南八里台之西，置苇地八十余亩”，这八十余亩苇地就是水香洲的前身。张镒购地之后，并未立即着手开辟建园，其所谓“人事卒卒，未遑辟治”者，直至十余载后遇到了关叟。所谓“关叟”，就是一位姓关的老人，擅长种植莲藕，他建议张镒在其所购置的八十亩苇地种植莲藕，因为此地土壤肥沃。张镒遂采纳了关叟建议，着手开辟与营建。

《水香洲小记》记曰：

客春遇善植藕者关叟，谓其壤沃宜植藕，荒弃殊可惜。因匄工相度所宜，凿洼以益阜，穿河以引流，四周筑陂三十六以为界，又置碓车运以机括，时其泄注。用关叟言，于水中遍植莲藕，旁及菱芡之属，高地则艺蔬蓏、莳杂卉。夹道缘堤，分栽桃柳。洎今春复于陂北建小屋三楹，其南结亭盖茅，以为憩之所。

这段文字记载了水香洲的创建过程，并指出其大体布局：三十六陂为水香洲之四周边界，中间有三间小屋，屋南有茅亭一座，有水之地皆植莲藕，其余则种桃柳及莳蔬。

水香洲的开辟持续两年之久，于1934年建成。建成后张镒邀请当时津门俦社诸君子前来游赏，“余以锡名请于是郭子蜇云、侯子疑始乃取唐人诗意名其地曰水香洲，颜其屋曰沧近居，曰三十六陂吟馆，亭曰一沤”。郭子蜇云、侯子疑始，分别指郭则沄、侯毅，二人均为俦社成员。沧近居、三十六陂吟馆、一沤亭便是上文所指的三间小屋、四周边界、屋南茅亭，为水香洲主体。

关于水香洲，津门文人徐兆光《沧近居记》有云：

水香洲者，张君之别业，位于吾津南开大学之旁，距市八里而远。四周皆水，荷芰弥望，清香拂人，其得名繇此。……观君之居，可以知君之为人。其所谓高尚，其志者欤？夫吾国内忧外患至今日而极矣，士大夫之一身有兴亡与共之责，顾可漫言高尚乎哉？然古之人必有高尚之志，乃能待时而动，以建非常之业。君殆其人乎？君名其居曰沧近意者，其有沧海横流之感将以洁身遁世欤？抑取沧浪之旨，有志于激浊扬清欤？故不深论，然值兹国家多事之日，余犹得从诸君子后，相与持螯把酒，从容啸咏于其间，不可谓非地方绥辑之赐也。不然虽有千百水香洲，其得恣吾游赏也耶？昔李格非作《洛阳名园记》云："天下之治乱，候于洛阳之盛衰而知；洛阳之盛衰，候于园圃之兴废而得。"后之读者恒叹为至言。今日吾津于国家关系之重，固不亚于昔日之洛阳也。然则水香洲之兴，其吾国复兴之兆乎？岂第远绍查氏水西庄之盛轨，供文人骚客之流连歌咏而已哉？

徐兆光引用李格非的观点，把园林兴废同国家兴亡联系起来，指出水香洲兴盛的重要性。水香洲乃乱世一园林，其兴盛预示国家之盛衰的观念过于唯心。不过徐兆光在文中却触及了水香洲的历史文化地位，如"远绍查氏水西庄之盛轨"指出水香洲与天津历史名园水西庄的渊源关系。实际上，水香洲不仅远绍水西庄之轨迹，更与遂闲堂、帆斋等天津文人雅集之地一脉相承，传承着天津文坛的风雅。

采莲歌里客归去

水香洲美丽的世外风光,加之主人张镃的热情好客,吸引了众多文人前来游赏,天津籍文人如赵元礼(幼梅)、李金藻(琴湘)、徐兆光(镜波)等,客居津门的陈实铭(踽公)、郭则沄(蛰云)、杨寿枏(苓泉)、许钟璐(珮丞)、胡宝善(楚卿)、侯毅(疑始)、陈中岳(诵洛)、许同莘(溯伊)、管凤和(洛声)、刘春霖(润琴)、查燿(际午)等人,均为水香洲常客。水香洲主人与宾客一起描摹风景,抒发感慨,创作了很多优秀的文学作品。他们的作品被集成《水香洲酬唱集》四卷,由郭则沄编订刊行,在一定程度上发展了天津的古典文学。

天津社会科学院文学所孙爱霞博士对张镃及其水香洲和水香洲在天津的文化地位、社会影响做过深入的研究,她说:当年的水香洲是津门文人雅士吟诗作赋、挥毫作画、赏景休闲的绝佳去处。清代最后一个"状元"刘春霖、位列天津近代四大书法家之一的赵元礼,以及陈实铭、郭则沄、李金藻、管凤和等名士,都是水香洲的常客。名士陈实铭留诗云:"数椽小筑水中央,四面围花当画墙。万顷红香争弄影,晚风吹透藕丝裳。"描绘出水香洲内"沧近居""一沤亭""三十六陂吟馆"等建筑被莲花环绕,风吹荷花、莲叶翩跹的动态美感。

民国二十三年(1934)夏秋间张镃水香洲就有多次文人雅集,在游赏水香洲之余,均有作品传世。

《水香洲酬唱集》收有两首陈诵洛的诗。其《仲金同社夏末秋初迭招水香洲别业宴集,率赋奉酬》云:

不但宜秋更宜夏,宜阴宜雨更宜晴。菊花堆作黄金国,荷叶围如碧玉城。

似子何惭主沤社,许余同与证诗盟。鉴湖一派粼粼水,梦里莼鲈空复情。

其《水香洲道中口占》云:

一棹秋风又往还,荷塘柳岸荻花湾。若教比拟江南景,只欠青苍几点山。

胡宝善诗云:

春风榆柳绿,秋水稻花黄。醉结笠蓑侣,闲联鸥鹭行。

风月不用买,云水别为乡。取境半村郭,得地宜雨旸。

潘耀齐诗云:

鉴湖回啻掌蓉城,水珮云裳次第迎。明月无停泻花影,凉风欲动簸蛩声。

三间野屋临流住,几处渔灯向晚明。觅得桃源真世外，漫教戎马误今生。

杨寿枬《甲戌六月水香洲赏荷赋呈沧近居主人》诗，中有句云：

画船似落穿花入，翠盖亭亭万琼笠。凉云忽挟雨声来，鲛珠散走红衣湿。

碧天欲暝花气凉，只愁风露侵鸳鸯。采莲歌里客归去，一路蝉声送夕阳。

这些文人的诗歌从各自不同的角度、感受描摹了水香洲的风光，传达出水香洲的风韵，实在令人神往。

水香洲建成两年后，张镒便去世了，水香洲亦随之衰败，只剩下“荆扉寂掩，花木荒翳”，一副破败、荒凉景象。陈实铭在《水香洲酬唱集序》中言：

仲金往矣，水香洲之游邈焉不续。同人每于酒座间谈及，相与拊膺慨叹。余曰：忽于现在，恋于既往者，情之常也。然既往矣，恋之何益！且胜游虽往，而吾侪酬唱之作不与之俱往也。及兹辑而存之，以存水香洲，且以存仲金，不犹愈于拊膺慨叹乎！蜇云韪吾言，乃就仲金所手录者，稍编次之，以付剞劂。夫是洲之盛衰兴废，两年间耳，时之至暂者也。然而展是编也，其地其人宛在心目，足以永无穷之思矣。后之人其有睠怀风雅过荒洲而欷歔凭吊者乎？

陈实铭的年代尚有荒洲可凭吊，而今则连荒洲也不可寻，只能自前人作品揣想水香洲昔日之风貌了。

著名学者孙爱霞《被遗忘的津门胜境——水香洲》(刊于《中国地名》)一文中说,承接并延续着天津的文人雅集之风,使流风不坠于乱世,此即水香洲的历史文化地位之表现。水香洲由兴盛至衰败不过倏忽一瞬间耳，然其美丽风光以及其历史文化地位均值得后人铭记与研究，不应该被湮没于历史的长河。天津市建筑遗产保护志愿者团队多位文史学者通过实地考察、比对天津老地图、查找名人回忆文章等方式,最终确认水香洲就位于今水上公园内,为“水上”再添历史佳话。

丽生园在南开园

喜好养金鱼是天津人的一大传统。清代乾隆年间，诗人汪沆来天津帮助编修县志时，曾作诗《岁朝灵慈宫》一首，描述了天津百姓春节期间在东门外天后宫前抢购金鱼的热闹场面："元日晴光画不如，灵慈宫外斗香车。琉璃瓶脆高擎过，争买朱砂一寸鱼。"

一百年前，贺家口引河靠近八里台的地方有一处专门蓄养金鱼的丽生园。20世纪20年代初，南开人筚路蓝缕、艰苦开拓，在八里台荒地上建起了一座崭新的大学校园。丽生园也是南大校园的组成部分。

曾有人回顾当年的老南开说：八里台南开校门前有一条小河，坐小船可直达青龙潭(今水上公园一带)；冬天坐冰床子可从八里台滑向城里。河上有一座钢筋水泥桥，桥的西端就是校门。铁制的大门口有块1米多高的白色木牌，上

丽生园之金鱼

书“南开大学”四个紫色大字。校门内,一条笔直的煤渣路——大中路，通向校园深处，和外面尘土飞扬的情况形成鲜明对比。道路两旁垂柳依依,下面是修剪整齐的扁柏。这条大路将校园隔成南北对称的两部分,南北侧各有一个马蹄形的池塘,称为“南北马蹄湖”。南湖的南岸是思源堂;东面是丽生园,内植各种花草,并有唐丽生捐赠的珍奇金鱼数千尾;思源堂西北是秀山堂;而秀山堂以西则是教员住的柏树村;村北是女生宿舍芝琴楼。北湖的北岸有木斋图书馆,西岸有食堂和餐厅,再往西则是两栋红色楼房,作为男生宿舍,宿舍前还有体育运动场。两湖各有一个中心岛,南岛上塑有李秀山铜像,北岛上是赏莲亭,满湖花香,让人流连忘返。各个建筑物之间都有蜿蜒长廊相接。西院还有花窖,聘请行家王九龄养菊,每逢十月校庆,必展菊以赏目,成为南开一绝,在天津甚为出名。

丽生园这个位于马蹄湖东面,种满花草、摆满鱼缸的美丽园子,在天津颇有名气。1930年《天津志略》的《庄园》部分记录丽生园昔日的生机和盛况:“丽生园，纪念唐丽生先生而名者也。园为南开大学之一部。蓄金鱼数千尾,内多珍贵之品,如蓝色鱼,紫色鱼,老虎头,龙睛鱼,朝大眼,五花丹凤,丹凤等凡百余种,慕名而参观者甚多。”

丽生园中那些名贵金鱼的蓄养者是一位叫唐丽生的人。此人在20世纪20年代曾担任过津浦铁路局局长，同时又在天津投资创办实业,财力雄厚。作为本土人士,他受盛极一时的天津养鱼风气熏染,以养金鱼为平生爱好。据1936年版张次溪编著的《天津游览志》介绍:“天津喜欢养金鱼的首推前津浦铁路局长唐丽生,平生养鱼最多。”唐丽生痴迷此道,在四十多年间花费了十万多元大洋，陆续从各地高价访求罕见精品鱼，畜养数百盆之多，一时传为美谈。

唐丽生故去后的 1927 年，唐家将金鱼捐赠南开大学，学校在南湖(南马蹄湖)东侧辟地特建丽生园。《天津志略》记载，南开大学中“尤以丽生园金鱼为平津一带所罕见，甚有三十岁之老鱼”。志书中《名园》一节也谈到该园，称“纪念唐丽生先生而名者也”。

据称，当时的南开，正值学校发展起步期和校园美化施工期。在南开创办人严修的支持下，校长张伯苓带领以庶务主任孟琴襄为首的学校教职员工，开始了在八里台这个昔日的荒芜城郊，建立一所犹如世外桃源般美丽学府的尝试。一番努力之后，学校最早的校舍南楼落成，绿荫夹道的笔直煤渣路(今大中路)修通，一座水泥桥飞架在已经整治完毕的水沟两旁，马蹄湖也已挖好。在全校上下立志继续苦干大干一番之时，唐丽生的金鱼为南开校园建设添加了些许灵动活泼。学校专门选址一处，遍植唐家人捐赠的桃柳藤等树木，辟为园中之园，并对这些名贵金鱼精心照料，以作生物研究之用。张伯苓主持的南开，一向对为学校发展提供帮助的各界友人有所回馈，为感谢已故的唐丽生对南开校园美化和科学研究所做的贡献，特意将该园命名为“丽生园”。

近代实业家、民生公司创始人卢作孚，1930 年因考察缘故有过一次天津之行，在张伯苓的陪同下，他参观了丽生园。在日记中，卢这样谈到自己在丽生园的观感：“园里有金鱼好几十种，是唐丽生捐助的。最大的金鱼长七八寸，其寿数有已到了三十几岁的。现有人专门做金鱼的研究。”实际上，丽生园金鱼缸中的金鱼也不单单是用来做研究的，还承担着引资办学的使命。张伯苓赠送给捐款者的金鱼，多数来自丽生园。丽生园中的金鱼是校产，在学校财务账上有登记，·般是张伯苓每在学校账上支出一尾金鱼，回来会补上一笔数额可观的款项。这些金鱼不但价值昂贵，而且具有纪念意义。

有资料称，那时天津的金鱼店，约有 20 余处，河北新车站北有四处，河东陈家沟（今河北区）有两处，广开墙子河畔较大者有八处，特一区马场道有一处，此外还有规模很小的数处。20 世纪二三十年代，天津金鱼的销路最盛，多半销往欧美各地，每年出口的 15 万尾以上，只剩得 4 至 5 万尾。

五 百花齐争艳 艺苑展宏图

20 世纪 50 年代后，佟楼、八里台一带，文化设施纷纷落地，天津人民艺术剧院、天津河北梆子剧院、天津曲艺团、天津杂技团、天津杨柳青画社、天津泥人张彩塑工作室等先后建立，百花齐放，文艺复兴，津河两岸依然是天津的一方"文化高地"。

人民装扮着津河，津河铸就了文明。杜甫《客至》有云："舍南舍北曾春水，但见群鸥日日来。花径不曾缘客扫，蓬门今始为君开。"每读到这诗句就想到了天津的这条津河。

艺术剧院天地宽

天津人民艺术剧院坐落于今河西区平山道43号,是一个历史悠久、剧目丰富、底蕴深厚、人才济济的表演艺术团体。她诞生于1951年9月12日,至今已走过了整整69年的光辉历程。69年来,剧院是在不断汲取、博采众长的开拓中发展起来的。戏剧大师郭沫若、老舍、曹禺、焦菊隐等,都曾先后来剧院观摩、指导,郭沫若亲笔为天津人民艺术剧院题写院名。2017年11月,获第五届全国文明单位。

天津人民艺术剧院的前身,是创建于1938年抗日战争初期的华北群众剧社。在战争年代,华北群众剧社的足迹就已遍布太行山麓、滹沱河畔。这支有着光荣传统的文艺队伍,为日后天津人艺的建立奠定了良好的基础。

从1951年建院至今,天津人民艺术剧院经历了近七十个春秋。经过数十年的洗礼,风风雨雨、坎坎坷坷,历练了艺术家们的人生追求,眷眷挚爱、兴盛不衰,印证了话剧艺术在观众心中不可替代的巨大魅力。

剧院演出了古今中外大小剧目300余部。主要代表剧目有《一仆二主》《雷雨》《曙光照耀莫斯科》《蔡文姬》《骆驼祥子》

《钗头凤》《红色工会》《甘蔗田》《叶尔绍夫兄弟》《日出》《风华正茂》《觉悟》《婚礼》《清宫外史》《阿Q正传》《对对双双》《闯江湖》《李尔王》《世界在她们手中》《唐人街上的传说》《欲望号街车》《长乐钟》《中国孤儿》《龙壶因缘》《领袖泪》《唐明皇与杨贵妃》《婚礼》《好人长在》《蛐蛐四爷》《好大一个家》《夏天的记忆》《军号响了》《家》《为你喝彩》《望天吼》《原野》《北平·1949》等。

天津北方演艺集团、天津人民艺术剧院演出《日出》海报

天津人民艺术剧院不仅是话剧艺术的圣殿，也是培养和造就艺术家的摇篮。多年来，从这里走出了著名编剧周振天、著名作家航鹰、著名演员马超、颜美怡、路希、李起厚、郑天庸等，以及活跃在当今银幕、荧屏、舞台上的著名演员陈道明、鲍国安、孔祥玉、王伍福、李秀明、张玉玉等，他们都曾在天津人民艺术剧院这块话剧艺术的沃土中磨炼成长。著名导演赵路、方沉，著名演员孔祥玉，著名编剧许瑞生、钟海，著名舞美设计王卫中先后担任剧院院长。

从建院至今，天津人民艺术剧院演出的剧目深受广大观众的喜爱和各级领导的肯定，打造艺术精品的意识已融入剧院每个人的血液。几代人的拼搏，几代人的努力，今天的天津人艺人才济济、硕果累累。一部《雷雨》久演不衰，令观众荡气回肠，流连忘返；一部《钗头凤》至今让人传颂，扼腕叹息。近年涌现的众多优秀剧目，更是特色鲜明，好评如潮，享誉大江南北。历年佳作不胜枚举，从荣获的奖项中可窥一斑，如“五个一工程”奖、文华新剧目奖、话剧金狮奖、国家舞台艺术精品工程提名剧目、话剧新剧目交流演出优秀剧目奖，以及个人单项奖，如梅花奖、金狮奖、白玉兰奖等，并多次荣获国家级各类演出评比活动的众多奖励。

河北梆子享盛誉

河北梆子是中国汉族地方戏曲之一，是河北省的主要地方剧种,是梆子声腔的一个重要支脉,是山陕梆子传入河北之后经河北人民培育而形成的。河北梆子曾出现过三个流派,包括直隶老派、山陕派和直隶新派,这三个派别标志着河北梆子历史的不同发展阶段。河北梆子主要流传于北京、天津、河北广大乡镇一带,同时山东、河南、黑龙江、吉林、辽宁以及内蒙古等地也有流传。2006 年 5 月 20 日,河北梆子经国务院批准列入第一批国家级非物质文化遗产名录。

天津的河北梆子具有雄厚的人文基础和众多的名演员。1958 年 7 月成立的天津河北梆子剧院,其前身是由天津复兴剧社转建的天津市河北梆子剧团,在今河西区马场道佟楼附近，设一团、小百花剧团两个演出

河北梆子经典剧目《秦香莲》

团。专业技术人员中,具有正高级、副高级职称的达30余名。有保留剧目50余出,经常巡回演出于市区、郊县以及河北省、山东省等北方地区,每年演出200余场,深受群众欢迎。

中华人民共和国成立初期，党的文艺政策使河北梆子焕发了青春,以银达子、韩俊卿、金宝环、王玉磬、宝珠钻等为首的老一代表演艺术家正值壮年,精神振奋,艺术光彩夺目,他们于1952年参加了全国第一届戏曲观摩演出，获优秀奖项。并于1951年参加了赴朝鲜慰问中国人民志愿军的重要活动。院属的小百花剧团于1959赴京参加建国十周年献礼演出,取得了极大的成功，主要演员受到毛泽东主席的亲切接见。继而,全团又北上南下,巡演于东北三省和中南六省区的十几个大中城市,誉满全国。此后,他们多次为党和国家领导人以及党的重要会议演出,受到毛泽东、刘少奇、周恩来、朱德的亲切关怀。此外,还为四十多个国家来津的贵宾演出,很好地完成了礼宾任务,创造了天津河北梆子空前的辉煌。

改革开放以来，天津河北梆子剧院努力适应社会经济形势的变化,坚持"文艺为人民服务、为社会主义服务"的正确方向,以精品意识创作新剧目。积极开拓演出市场,采用多种演出形式,上山下乡,送戏上门,以高质量的演出,满足人民群众日益增长的文化生活需求。

剧院通过深化自身体制的改革,艺术生产硕果累累,1994年排演的《袁凯装疯》,获文化部第四届文华新剧目奖,本剧主演闫建国获文华表演奖,导演管德印获文华导演奖。1997年排演的现代戏《庄稼院的红辣椒》(主要编剧徐勇)获中宣部"五个一工程"入选作品奖。在天津市历届戏剧节中,共推出十几个剧目,获得各种类奖励30多项。1998年,以创造精品的标准，将现代戏《靠山屯故事》推上舞台，受到各方面好评和鼓励。1999年与中央电视台影视部、天津电影制片厂影视中心联合拍摄了四集戏曲电视剧《庄稼院的红辣椒》，进一步扩大了影响。

杂技表演攀高峰

杂技，是包括各种体能和技巧的表演艺术，《简明不列颠百科全书》称它是“一种有悠久历史的专门艺术，包括跳、身体技巧和平衡动作，较晚时又使用长杆，独轮自行车、球、桶、绷床及吊架等器械”。

中国杂技是历史悠久的传统表演艺术之一。中国的杂技艺术历史悠久，源远流长，是中华民族珍贵的优秀文化遗产。中国的杂技之乡有多个，像山东的聊城，江苏的盐城，河南的周口、濮阳，湖北的天门，安徽的广德，天津的武清，河北的沧州吴桥、肃宁、霸州等。

天津市杂技团是由“中华技艺团”于 1957 年 8 月改建的，隶属天津市文化局的专业杂技艺术表演团体，地址在天津市河西区三合里 81 号。该团成立后，一改以往走江湖的经营方式，充分利用政府在财力上给予的支持，改善灯光、幕布、音响设备，添置服装、道具和舞台设施，努力提高演出的艺术效果。上演的主要节目有陈兰英的“弹簧钢丝”，荣景安的“飞杠”，陈兰英、王少杰的“双人顶碗”，孙世广的“拉硬弓”，陈玉珍的“软体造型”，杨春香、苗秀兰的“蹬技”，苗秀兰、苗秀敏的“空竹”，马健华、刘强的“叉技”，郭金钟的“杂耍”和“文武滑稽”等优秀节目。南派魔术师曾国珍、张美娟相继调入该团后，创演了大型魔术“神秘的大花轿”“双人刀箱”“双人水晶箱”，小型魔术“漏塞”“小屏风”“束手自由”和“小铡刀”等，丰富了该团的上演节目。1958 年春，该团到江苏、浙江的一些大中城市巡回演出；夏秋之交抵达上海市，被安排在能容万人的文化广场演出，均出现场内爆满、场外一票难求的盛况。当时正值苏联舰队访问上海，上海市党政领导安排天津杂技团演出，其精彩表演受到苏军官兵的热烈欢迎，特别是出生在乌克兰的陈兰英表演的“弹簧钢丝”返场多次。

1959 年，河北省天津专区的“艺华马戏团”的杂技演员和从河北省杂技会演中挑选的演员调入天津市杂技团，充实了该团的实力。1960 年该团改为国营。1961 年 12 月，天津市人民马戏团并入该团。两团合并时，还将天津广播曲艺团的魔术演员调入。设有舞台一队、舞台二队和马戏队以及学员进修班，共有演职员 140 余人。1968 年，天津市杂技团和天津市曲艺团合并为“天津市曲艺杂技团”。1974 年 8 月，曲艺杂技团一分为二，杂技团恢复原建制。

天津杂技团访问印度的演出

1985 年 10 月，应法国巴黎奎斯马戏团之邀，天津市杂技团作为第一支赴海外进行商业性演出的杂技表演团体到巴黎演出。1989 年 10 月，该团参加第二届中国艺术节“海河之秋”及“中国·天津国际友好城市艺术节”，推出一台以继承与创新为内容的“今日百戏”杂技晚会。至 1995 年，天津市杂技团曾多次组团和派员出访澳大利亚、朝鲜、日本、以色列等国家。还先后赴美国、法国、挪威、澳大利亚、俄罗斯、日本、韩国等国家的近百个城市进行商业演出，向世界宣传了中国，宣传了天津。

年画艺术有传承

杨柳青年画，全称杨柳青木版年画，属木版印绘制品，是中国著名民间木版年画，与苏州桃花坞年画并称“南桃北柳”。2006 年 5 月 20 日，该遗产经国务院批准列入第一批国家级非物质文化遗产名录。

杨柳青年画产生于元末明初，已知最早的画店为戴廉增、齐健隆两家。戴廉增画店的历史最早可上溯至明代崇祯年间，后来，戴、齐两家又分为很多画店。清康乾时期，杨柳青年画风格严谨，背景简洁，注重人物神情的刻画。嘉庆、道光年间，杨柳青年画的风格渐趋活泼，画面热闹、色彩丰富，背景也各式各样。

清末民初，农村凋敝，石印年画兴起，杨柳青年画生产日渐衰落。中华人民共和国成立后，杨柳青年画重见天日，曾多次举办杨柳青年画评选活动，涌现出许多优秀作品。随着政府对年画的扶持和民间艺人对乡土艺术感情之深，杨柳青年画发展迅猛，其知名度也日益提高，杨柳青的年画作坊蓬勃发展起来。

天津杨柳青画社在河西区佟楼三合里 111 号，成立于

1958年，以研究、创作和出版具有300余年历史的杨柳青木版年画而著称，隶属天津市文化局，是国家新闻出版署核定的美术图书出版单位和国家文物局认定的文物经营单位。画社设有民间艺术开发经营、图书出版发行等专项部门，下辖杨柳青年画艺术公司、图书编辑部、年画编辑部、市场营销部四个业务部，在社址所在地和文化街、长春道等津门繁华区街设有“凝翠轩”“文化街杨柳青画店”“长春道杨柳青画店”和“杨柳青画社西青分店”四个销售部，形成规模化的经营管理体系，并与国内各大省市及美国、法国、日本、韩国、新加坡等国家和香港、台湾地区建立了贸易合作关系。周恩来总理曾到杨柳青画社视察。

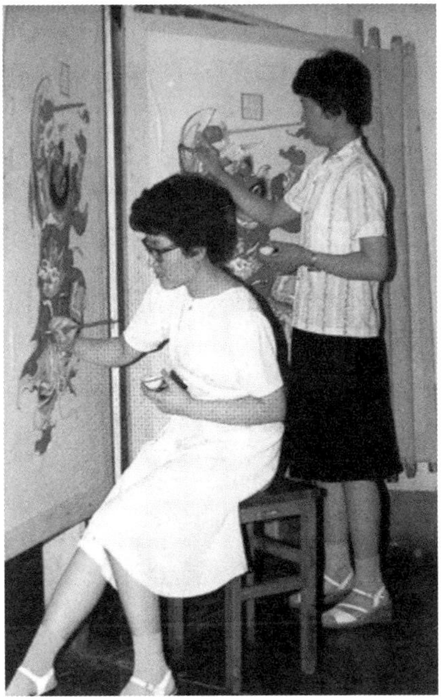
杨柳青画社制作车间

天津杨柳青画社珍藏着丰富的杨柳青年画资料与刻版，是杨柳青木版年画勾、刻、印、绘四大工艺的传承之源，被公推为“中国年画之首”。依据传统工艺出品的年画产品以中国“年文化”的独特艺术魅力，沟通了国际性的文化往来和交流。画社生产的传统民间艺术品还包括木版水印画、册页、线装书籍、胶印年画、装饰画以及文房四宝、工艺品、礼品等文化用品。

天津杨柳青画社以“高、实、美”为宗旨，在国内美术出版界独树一帜。四开本美术图书开美术出版之先，独有的《中国近现代名家精品丛书》《中国画范本丛书》《中国当代实力派油画丛书》《中国古典诗词画意丛书》《美术教学示范作品之写意画、工笔画、素描》《少儿美术世界》等16个系列图书广受读者青睐，为推介实力派画家、普及美学理念进行了有益的探索。

再创辉煌泥人张

天津泥人张彩塑工作室是传承泥人张彩塑艺术的工作中心，地处佟楼附近，河西区马场道202号。

天津泥人张彩塑是一种深得百姓喜爱的民间美术品，创始于清代道光年间。“泥人张”的彩塑，把传统的捏泥人提高到圆塑艺术的水平，又装饰以色彩、道具、形成了独特的风格。它是继元代刘元之后，我国又一个泥塑艺术的高峰，其作品艺术精美，影响远及世界各地，在我国民间美术史上占有重要的

泥人张彩塑工作室名作《春江花月夜》

地位。

泥人张彩塑艺术在其漫长的艺术生命中经历了辉煌、也遭遇了坎途。20世纪40年代社会动荡,泥人张彩塑事业也日渐萧条 ,张家后代纷纷改行。新中国成立前,泥人张彩塑艺术及其传人挣扎在饥寒交迫之窘境。新中国成立后,人民政府重视对民间美术的发掘、抢救工作,于1958年组建成立了“泥人张彩塑工作室”,后更名为“天津泥人张彩塑工作室”,主要从事泥人张彩塑艺术的挖掘、整理和艺术创作,作品享誉海内外。

改革开放以来作品进入市场,于1989年8月10日注册登记了“泥人张”牌商标,先后在天津古文化街、鼓楼商业街和杨柳青明清街购置店铺,从事泥人张相关艺术品的经营。

多年来,泥人张彩塑工作室一直注重对泥人张彩塑艺术的保护与传承,先后在各艺术院校及工作室培养了一批优秀的彩塑创作人才。作品经常参加各级美展,屡获殊荣。同时也涌现出许多在社会上有极高声誉的艺术家,如傅长圣、逯彤、穆瑞森等。其作品先后被中国美术馆及诸多博物馆收藏,成为海内外艺术品收藏的最爱。2006年入选国家第一批非物质文化遗产名录。

建立自然博物馆

天津自然博物馆原在佟楼附近，即河西区马场道206号，邻近泥人张彩塑工作室。建筑面积10716平方米，其中展厅面积2700平方米。馆藏以古生物、动物、植物标本为主，其中以古生物化石最为珍贵。后迁到天津文化中心。截至2014年末，天津自然博物馆占地面积为5万平方米，总建筑面积为3.5万平方米，展示面积1.4万平方米，包括常设陈列区、临展区、体验娱乐区、科普教育区四部分。馆藏生物标本40万件，其中

天津自然博物馆收藏的古脊椎动物标本

一、二级珍品1282件,模式标本1452件。是中国第一个主题单元化、全景式展示的自然探索、科学体验、科学教育的自然史博物馆,为我国历史最长、藏品最丰富的地矿、生物学科的自然博物馆之一。

天津自然博物馆的前身是北疆博物院,于1914年由法国传教士桑志华创办。1927年对外开放。1952年改建为天津市人民科学馆,1957年正式定名天津自然博物馆。天津自然博物馆新馆以"家园"为总主题,从户外"家园·足迹"到首层"家园·探索",从二层"家园·生命"到三层"家园·生态",讲述一个从远古到当代、从世界到天津的"家园"故事。

师范大学育英才

天津师范大学，原名天津师范学院，地点在吴家窑大街南侧、卫津路的东面，即贺家口引河南岸八里台一带。1961 年天津工农师范专科学校并入天津师范学院。1982 年学校更名为天津师范大学。1999 年 4 月，原天津师范大学、天津师范高等专科学校、天津教育学院合并组建新天津师范大学。入选教育部“卓越教师培养计划”、国家“特色重点学科项目”“国家建设高水平大学公派研究生项目”、首批“新工科研究与实践项目”“国家级大学生创新创业训练计划”、首批“教育部来华留学示范基地”“中国政府奖学金来华留学生接收院校”“中日人文交流大学联盟”创始成员，是天津市属重点大学。学校的办学

天津师范大学的标志

目标是将天津师范大学建设成为国内一流的教师教育特色综合性大学。

2005 年,坐落于西青区的天津师范大学新校区正式启用,办学环境得到根本性改善,为学校发展奠定了坚实的基础。截至 2019 年 9 月,学校占地面积 3500 亩,建筑面积 94 万平方米;设有 2 个学部,22 个学院,17 个直属单位,开设 70 个本科专业;拥有 2 个国家重点学科,有 7 个博士后科研流动站,8 个博士学位授权一级学科,1 个教育专业博士学位授权点,35 个硕士学位授权一级学科,16 个硕士专业学位类别;有教职工 2343 人,其中专任教师 1461 人;有全日制本科生 24528 人,全日制硕士研究生 4526 人,博士研究生 429 人,各级各类留学生 2150 人。

情报研究谱新篇

天津市科学技术信息研究所位于吴家窑大街东端北侧，东邻马场派出所，西至贵州路，南靠吴家窑大街，北邻津河即贺家口引河。隶属于天津市科学技术局，是综合性科学技术情报中心，天津市专业化的科技信息服务机构，被评为全国软科学研究八十强、天津市骨干研究所、天津市经济建设先进科研院所和天津市科技咨询信誉单位。该所紧扣天津发展的脉搏和方向，围绕天津发展的战略性和全局性问题，向政府部门、企业及社会各界提供多种科技信息服务，有力地促进了科技成果的转化和经济的增长，取得了良好的社会效益。

天津市科学技术信息研究所

参考文献

1.《津门保甲图说》,清道光二十六年(1846)刻本。

2.《续天津县志》,清同治九年(1870)刻本。

3.《城南诗社集》,1924年出版,铅排本,天津公园教育印书处承印。

4.宋蕴璞辑:《天津志略》,1930年北平蕴兴商行铅印本。

5.严修:《严范孙先生古近体诗存稿》,1933年陈诵洛编辑,活字排印本。

6.冯文洵:《紫箫声馆诗存》,1936年铅印本。

7.郭则沄:《清词玉屑》,刻本,1936年蛰园校刊。

8.王守恂:《天津政俗沿革记》,1938年刻本。

9.周学熙:《止庵诗存》,1948年至德周氏自刊本。

10.陈中岳:《陈诵洛集》,广陵书社2011年影印。

11.张伯驹:《张伯驹词集》,中华书局,1985年。

12.河西区人民政府编:《天津河西地名录》,1985年刊印。

13.天津市文史研究馆编:《天津文史丛刊(二)》,1984年刊印。

14.章用秀:《天津地域与津沽文学》,天津社会科学院出版社,2000年。

15.胜芳镇志编纂委员会编:《胜芳文史资料汇编(二)》,2004年刊印。

16.章用秀:《天津的园林古迹》,天津古籍出版社,2004年。

17.沈树和主编:《海河河西史话》,中国文史出版社,2004年。

18.天津市档案局、天津市和平区档案馆编:《天津五大道名人轶事》,天津人民出版社,2008年。

19.郭喜东、张彤、张岩:《天津历史名园》,天津古籍出版社,2008年。

20.刘开基主编:《天津河西历史文化》,中国戏剧出版社,2011年。

21.李红梅主编:《天津河西老街道》,团结出版社,2014年。

22.孙爱霞:《天津水香洲与胜芳张氏家族》,见《胜芳古镇文集(三)》,2013年。

23. 杨传庆:《严修与城南诗社》, 见万鲁建编《九河寻真2014》,天津古籍出版社,2015年。

24. 侯福志:《张玉裁笔下的新农园》, 见《天津河西老街道》,团结出版社,2014年。

25.杨传庆:《清遗民词社——须社》,见万鲁建编《九河寻真2015》,天津古籍出版社,2015年。

26.张元卿:《陈诵洛年谱》,天津古籍出版社,2015年。

27.孙爱霞整理:《北洋画报诗词辑录》,天津古籍出版社,2018年。